實示品

소태산 대종경
마음공부

12
실시품

글·균산 최정풍 교무

『대종경大宗經』은 원불교 교조인 소태산少太山 박중빈朴重彬 대종사大宗師의 언행록입니다. 원기47(서기1962년)에 완정하여 『정전正典』과 합본, 『원불교교전』으로 편찬 발행되었습니다. 『정전』이 소태산 대종사가 직접 저술한 원불교 제1의 경전이라면 『대종경』은 그의 사상 전반을 이해할 수 있는 제2의 대표 경전입니다. 소태산 대종사의 열반 원기28년, 서기1943년 후 『대종경』 편찬에 신속히 착수한 제자들의 노력 덕분에 소태산 대종사의 생생한 말씀과 행적이 온전하게 세상에 전해지게 되었습니다.

소태산의 수제자 정산鼎山 종사는 "정전은 교리의 원강을 밝혀 주신 '원元'의 경전이요, 대종경은 두루 통달케 하여 주신 '통通'의 경전이라"고 설한 바 있습니다. 원리적인 가르침을 압축해놓은 『정전』의 이해를 도와주는 필독 경전이라고 할 수 있습니다.

『대종경』은 별다른 해석이나 주석 없이 그냥 쉽게 읽을 수 있는 경전입니다. 하지만 요즘 사람들에게는 낯선 한자 용어에 대한 설명이나 내용 이해를 돕는 부연 설명이 경전 읽기에 도움이 될 수도 있겠다는 생각으로 이 책을 집필하게 되었습니다.

또한 이 책은 『대종경』을 처음 공부하는 이들이 좀 더 쉽게 내용을 파악하도록 돕기 위해서 기획되었습니다. 그런 이유로 첫째, 『대종경』 원문의 문장을 새롭게 편집했습니다. 기본적인 편집 방식에서 벗어나 문단을 왼쪽 정렬로 하고 필자 임의로 문단 나누기, 문장 나누기, 띄어쓰기했습니다. 둘째, 어려운 용어들은 사전적 풀이를 요약해서 원문 아래에 각주를 달았습니다. 셋째, 원문에 대한 필자의 부연 설명을 시도했습니다. 이 내용들은 매우 주관적인 해석이라는 한계를 갖고 있습니다. 다른 참고 교재들을 충분히 참고할 것을 권장합니다. 넷째, 경전 내용의 실생활 활용에 방점을 둔 질문들을 해보았습니다. 경전의 내용 파악을 돕기 위한 질문들도 있지만 자신의 삶을 성찰해야만 응답할 수 있는 질문들도 포함되었습니다. 이에 대한 대답은 독자마다 다를 것이고 독자들의 공부 정도에 따라서도 달라질 것입니다. 특정한 정답보다는 최선의 답이 필요합니다. 이런 질문에 응답하는 과정에서 공부가 깊어지기를 바랐습니다. 경전공부가 더 많은 자문자답으로 이어지기를 기대합니다.

　이 책은 주로 교화자로서 살아온 필자가 교화자의 관점에서 쓴 교화교재입니다. 여기 담긴 필자의 견해는 교단의 공식적 견해와는 무관합니다. 현명한 독자들께서 이런 점들을 감안하여 공부의 한 방편으로 활용해주시길 바랍니다. 부족하거나 틀린 내용에 대해서는 여러분들의 가르침을 기다리겠습니다. 아무쪼록 이 작은 책이 주세불 소태산 대종사의 심통제자心通弟子가 되는 데 겨자씨만한 도움이라도 되기를 기원합니다. 출판을 도와주신 모든 분들의 은혜에 깊이 감사합니다.

소태산 마음학교 원남교실 경원재에서
원기109년(서기2024) 3월 10일 균산 최정풍 교무 합장

◯ 참고

『대종경』 공부를 하기 전에 「원불교 교사敎史」 일독을 권합니다. 『대종경』은 언행록言行錄이지만 관련 상황에 대한 자세한 설명은 생략된 경우가 많습니다. 교사를 읽으면 법문의 전후 상황을 파악하는 데 큰 도움을 받을 수 있습니다.

다음은 『대종경大宗經』 공부에 도움이 될 만한 대표적인 해설서 및 참고 도서입니다.
『원불교대종경해의』(한정석, 동아시아, 2001),
『대종경풀이』(류성태, 원불교출판사, 2005),
『주석 대종경선외록』(편저 이공전, 주석: 서문성, 원불교출판사, 2017),
『초고로 읽는 대종경』(고시용, 원불교출판사, 2022),
『원불교교고총간』(원불교출판사, 1994),
『대종경 강좌上·下』(조정중, 배문사, 2017) 등이 있습니다.

법문과 원불교 용어 설명 대부분은
'원불교' 홈페이지 http://won.or.kr '경전법문집', '원불교대사전' 내용을 인용했습니다. 그 밖에는 '네이버 사전' http://naver.com 에서 인용했습니다.
필자가 쓴 부분은 '필자 주'로 표기했습니다.

'나의 마음공부'란에는 몇 가지 질문을 실었지만 답을 싣지는 않았습니다. '자문자답'이 더 중요하다고 생각했습니다. 답을 찾는 과정이 '교당내왕시 주의사항'을 실천하는 계기가 되기를 기대합니다. 먼저 자력으로 답을 해보고, '교화단'에서 회화도 하고, 교화단장이나 교무 등 지도인과 문답問答·감정鑑定·해오解悟를 하기 좋은 소재가 되기를 기대합니다.

본문의 문체는 최대한 구어체를 사용했습니다. 독자와의 거리감을 줄이려는 노력이지만 전통적인 문법에는 맞지 않을 수 있습니다. 양해를 구합니다.

이 책을 '경전' 훈련을 위한 교재, '자습서' 삼아서 밑줄도 치고 필기도 하면서 편리하게 활용해주시면 감사하겠습니다.

▶ YouTube '소태산 마음학교'에서 대종경 관련 동영상 시청이 가능합니다.

• 이 책은 이대홍, 이대은, 이하영, 이하윤, 이하성, 이하준 가족의 후원으로 출판되었습니다. 소중한 후원에 감사합니다.

목차

실시품 1장 : 아무리 죽을 경우를 당할지라도	10
실시품 2장 : 사람을 제도하는 묘방	18
실시품 3장 : 미리 경계하심	26
실시품 4장 : 학비로 알라	30
실시품 5장 : 도량의 부정이 곧 사회의 부정	36
실시품 6장 : 온 세상 사람이 다 나의 사람	44
실시품 7장 : 창부 몇 사람이 입교하여	50
실시품 8장 : 우리의 하는 일이 옳은 일이라면	56
실시품 9장 : 질 자리에 질 줄 알면	62
실시품 10장: 세상 인지가 차차 밝아져서	66
실시품 11장: 견성 성불을 하셨나이까	72
실시품 12장: 한결같이 챙기고 사랑하시더니	76
실시품 13장: 남의 대접을 구하는 법	80
실시품 14장: 세계를 맡긴들 못 할 것이 무엇이리요	86
실시품 15장: 마음공부와 제초 작업	92
실시품 16장: 어찌 작은 일이라 하여 소홀히 하리요	98
실시품 17장: 문갑에 자물쇠를 채우시는지라	102
실시품 18장: 아무리 흔한 것이라도	106
실시품 19장: 함부로 버리지 아니하시므로	110
실시품 20장: 담박과 질소	114

실시품 21장: 네가 절을 하면 과자를 주리라　　　118
실시품 22장: 나의 편안한 것만 생각하여　　　122
실시품 23장: 편지는 저 사람의 정성이 든 것이라　　　128
실시품 24장: 정심을 북돋기 위하여　　　132
실시품 25장: 자신의 힘으로 살 수 있다면　　　138
실시품 26장: 여러 번 거절하심　　　142
실시품 27장: 정성을 다하여 지도만 하여 보자　　　146
실시품 28장: 양해를 하겠는가　　　152
실시품 29장: 다시 와 보고 함이 어떠하냐　　　156
실시품 30장: 든든하고 떳떳한 길　　　162
실시품 31장: 마음병 치료는 나에게 육신병 치료는 의사에게　　　168
실시품 32장: 오직 인사를 다할 따름　　　172
실시품 33장: 눈물을 아니 흘릴 수 없도다　　　176
실시품 34장: 떠나는 개의 영혼을 위하여　　　180
실시품 35장: 먼저 그를 버리지는 아니하시니라　　　184
실시품 36장: 버리지 아니하시니라　　　188
실시품 37장: 네 가지의 엄한 경계　　　192
실시품 38장: 대중에게 상벌을 시행하시되　　　198
실시품 39장: 정금미옥을 만들기 위함　　　204
실시품 40장: 사람을 쓰실 때　　　208

실시품 41장: 춘향전·심청전·흥부전 등을 들으실 때   212

실시품 42장: 매양 대중과 같이   218

실시품 43장: 대중 출역이 있을 때   222

실시품 44장: 고금 천하에 다시 없는 큰 도덕   226

실시품 45장: 안도산이 찾아온지라   230

실시품 46장: 그대들은 무엇을 보아 믿고 따르는가   236

실시품 47장: 대종사의 한 말씀 한 행동   240

한 때에 대종사
법성法聖에서 배를 타시고 부안扶安 봉래 정사로 오시는 도중,
뜻밖에 폭풍이 일어나 배가 크게 요동하매,
뱃사람과 승객들이 모두 정신을 잃고, 혹은 우는 사람도 있고,
토하는 사람도 있으며, 거꾸러지는 사람도 있어서, 배 안이 크게 소란하거늘,

대종사 태연 정색하시고 말씀하시기를
[사람이 아무리 죽을 경우를 당할지라도
정신을 수습하여, 옛날 지은 죄를 뉘우치고
앞날의 선업을 맹세한다면,
천력天力을 빌어서 살길이 열리기도 하나니,
여러 사람들은 정신을 차리라.] 하시니,
배에 탄 모든 사람이 다 그 위덕에 신뢰하여 마음을 겨우 진정하였던 바,
조금 후에 점점 바람이 자고 물결이 평온하여지거늘,
사람들이 모두 대종사의 그 태연 부동하신 태도와
자비 윤택하신 성체를 뵈옵고 흠앙함을 마지 아니하니라.

『대종경』「실시품」 1장

- **정색 正色** : 얼굴에 엄정嚴正한 빛을 나타냄. 또는 그 얼굴빛.
- **흠앙 欽仰** : 공경하여 우러러 사모함.

아무리 죽을 경우를 당할지라도 | 풀이 |

한 때에 대종사
법성法聖에서 배를 타시고 부안扶安 봉래 정사로 오시는 도중,
뜻밖에 폭풍이 일어나 배가 크게 요동하매,
뱃사람과 승객들이 모두 정신을 잃고, 혹은 우는 사람도 있고,
토하는 사람도 있으며, 거꾸러지는 사람도 있어서, 배 안이 크게 소란하거늘,

영산에서의 방언 공사 후 봉래 정사 시절의 실화입니다.
『정전』「개교의 동기」의 '파란고해波瀾苦海'가 연상되는 실제 상황입니다.
배에 탄 승객들이 죽음을 마주한 위급한 경계에 직면한 상황입니다.
소태산 대종사님께서는 이 위급한 경계를 어떻게 대응하셨을까요?

대종사 태연 정색하시고 말씀하시기를
[사람이 아무리 죽을 경우를 당할지라도
정신을 수습하여, 옛날 지은 죄를 뉘우치고
앞날의 선업을 맹세한다면,
천력天力을 빌어서 살길이 열리기도 하나니,
여러 사람들은 정신을 차리라.] 하시니,

대종사님께서 권하는 큰 경계에 응하는 순서입니다.
첫째, '정신을 수습'하기.
둘째, '옛날 지은 죄를 뉘우치'는 것.
셋째, '앞날의 선업을 맹세'하는 것입니다.

'죽을 경우'를 당하더라도 이렇게 응하라는 가르침입니다.

배를 탄 승객들에게 이렇게 하라고 당부하십니다.
대종사님의 역경 난경에 대한 대응 순서라고 볼 수 있습니다.

또한 대종사님은 이와 같이 행하면
'천력을 빌려 살길이 열리기도 하나니' 라고 대중들을 안심시키십니다.
그리고 다시 한 번 더 말씀하십니다.
'정신을 차리라' 라고.

물론 대종사님은 대중들에게 이런 법문을 하시기 전에
자신부터 '태연 정색'을 먼저 하시고 말씀을 시작하셨습니다.
이미 대종사님께서는 '정신을 차리'고 계셨으며,
정신을 잃지도 않으셨던 것입니다.
법문의 내용을 좀 더 구체적으로 살펴봅니다.

뜻밖에 폭풍이 일어나 배가 크게 요동하매,

큰 경계는 내 뜻과는 달리 '뜻밖에' 찾아옵니다.
느닷없이 찾아와 마음을 요란하게 하고 삶을 요동치게 합니다.

[사람이 아무리 죽을 경우를 당할지라도

'죽을 경우'와 같은 천만 경계는 예고 없이 들이닥칩니다.
평소에 신앙과 수행으로 훈련되어 있지 않으면 제대로 대응하기 어렵습니다.
'정신'부터 잃기 쉽기 때문입니다.
평소에 삼학 수행으로 삼대력을 충분히 쌓아놓아야 이런 경우에 힘을 발휘해서
'정신을 수습'할 수 있습니다.

정신을 수습하여,

온전한 정신을 유지하는 것이 무엇보다 중요합니다.
이 상황에 어울리는 법문은 「일상수행의 요법」 1조일 것입니다.
"심지^{心地}는 원래 요란함이 없건마는 경계를 따라 있어지나니,
그 요란함을 없게 하는 것으로써 자성^{自性}의 정^{定}을 세우자."
'폭풍이 일어나기' 전의 마음이 '심지'라면,
'폭풍이 일어나 배가 크게 요동'하는 것은 '경계를 따라 일어나'는
'그 요란함'이라고 할 수 있습니다.

'그 요란함을 없게 하는' 방법은 삼학 중 정신수양 공부라고 할 수도 있지만,
이 법문에서는 대종사님이 승객들에게 당부한 내용 그 자체라고 볼 수 있습니다.
첫째, '정신을 수습'하기,
둘째, '옛날 지은 죄를 뉘우치'는 것,
셋째, '앞날의 선업을 맹세'하는 것입니다.
'요란함'을 잠재우는 순서를 차근차근 알려주십니다.

옛날 지은 죄를 뉘우치고

'참회'를 말씀하십니다.
역경과 난경을 헤쳐나가려 할 때 우선적으로 해야 할 마음공부입니다.
대종사님은 「참회문^{懺悔文}」에서
'영원히 참회 개과하는 사람은 능히 상생 상극의 업력을 벗어나서 죄복을 자유로 할 수 있나니'라고 하시고,
'공부인이 성심으로 참회 수도하여 적적 성성한 자성불을 깨쳐 마음의 자유를 얻고 보면, 천업^{天業}을 임의로 하고 생사를 자유로 하여'라고 설하신 바 있습니다.

목숨이 달린 위급한 경계를 당하면 대개 살아날 방도부터 모색하기 쉽습니다.
그런데 대종사님은 오히려 멈추고 뒤를 돌아보라고 하십니다.
경계가 자신을 찾아온 이유를 살펴보란 가르침입니다.

실시품

인과의 이치에 따라 과거의 잘못을 뉘우치는 데서부터 시작하라는 말씀입니다.

앞날의 선업을 맹세힌다면,

이 또한 대종사님께서 알려주신 참회의 한 부분입니다.
'사람이 과거의 잘못을 참회하여 날로 선도를 행한즉' - 「참회문」 이라고 하신 바와 같이
'옛날 지은 죄를 뉘우치'는 것과 '앞날의 선업을 맹세'하는 것은
동전의 양면과 같습니다.
'옛날 지은 죄를 뉘우치'면서 '앞날의 선업을 맹세'하지 않을 수는 없습니다.

천력天力을 빌어서 살길이 열리기도 하나니,

진리에 대한 믿음, 타력에 대한 믿음이 전제된 말씀입니다.
'진인사대천명盡人事待天命'이라는 말과 같이
해야 할 일에 최선을 다하고 결과는 진리에 맡기는 신앙인의 태도입니다.
인과보응의 이치에 따라 노력할 뿐 결과에 연연하지 않습니다.

'사람이 과거의 잘못을 참회하여 날로 선도를 행한즉
구업은 점점 사라지고 신업은 다시 짓지 아니하여
선도는 날로 가까워지고 악도는 스스로 멀어지나니라' - 「참회문」 라는 내용과 같이
'음양 상승의 도'에 바탕한 말씀이라고 볼 수 있습니다.
이 법문의 '천력'은 '법신불 사은'의 다른 표현이라고 할 수 있습니다.

여러 사람들은 정신을 차리라.] 하시니,

어떤 경계를 당하든지 핵심은 '정신을 차리'는 것입니다.
하지만 그 방법은 경계마다 다를 수 있습니다.
이 법문과 같은 경계에선 앞서 설해주신 내용이 바로 '정신을 차리'는 방법입니다.

아무리 위급한 경계에서도 마음 챙김, 정신 차림이 첫째입니다.

배에 탄 모든 사람이 다 그 위덕에 신뢰하여 마음을 겨우 진정하였던 바,

대종사님의 법력이 위력을 발휘하는 장면입니다.
소태산 부처님의 말씀이 승객들의 요란한 마음을 진정시킵니다.

조금 후에 점점 바람이 자고 물결이 평온하여지거늘,
사람들이 모두 대종사의 그 태연 부동하신 태도와
자비 윤택하신 성체를 뵈옵고 흠앙함을 마지 아니하니라.

앞서 '천력天力을 빌어서 살길이 열리기도 하나니'라고 말씀하신 바와 같이
천지가 감응하신 듯합니다.
말씀대로 폭풍이 잦아들게 되니 대종사님에 대한 흠앙함이 커질 수밖에 없습니다.

매우 위급한 경계를 당하면 평소에 닦은 마음공부의 실력이 나타나게 됩니다.
'폭풍'을 만나기 전에 늘 만반의 준비를 해둘 필요가 있습니다.
신앙과 수행, 훈련에 공을 들여야 천만 경계에 제대로 응할 수 있습니다.
큰 경계를 당할 때마다 이 법문을 떠올리며 마음을 챙겨야겠습니다.

나의 마음공부

• 내가 당했던 '죽을 경우'는 어떤 경우가 있었나요?

• 과거의 나는 이 같은 '죽을 경우'에 어떻게 대응했나요?

- 큰 경계에 응하는 나의 대응 태도와 방식을 반조해봅니다.

- 내가 이 법문에서 가장 유념할 점, 배울 점은 무엇인가요?

대종사 하루는 실상사에 가시었더니,
때에 노승 두 사람이 한 젊은 상좌에게 참선參禪을 하라 하되
종시 듣지 아니한다 하여 무수히 꾸짖고 나서, 대종사께 고하기를
[저런 사람은 당장에 천 불이 출세하여도 제도하지 못하리니
이는 곧 세상에 버린 물건이라.] 하거늘

대종사 웃으시며 말씀하시기를
[화상和尙들이 저 사람을 생각하기는 하였으나
저 사람으로 하여금 영영 참선을 못하게 하는 것도 화상들이로다.] 하시니,
한 노승이 말하기를
[어찌하여 우리가 저 사람에게 참선을 못하게 한다 하시나이까.]
대종사 말씀하시기를
[남의 원 없는 것을 강제로 권하는 것은
그 사람으로 하여금 영영 그 일을 싫어하게 함이니라.
내가 지금 화상에게 저 산의 바위 속에 금이 들었으니
그것을 부수고 금을 캐라고 무조건 권하면
화상은 곧 나의 말을 믿고 바로 채굴을 시작하겠는가.]
노승이 한참 동안 생각한 후에 말하기를
[그 말씀을 믿고 바로 채굴은 못 하겠나이다.]
대종사 말씀하시기를
[화상이 그와 같이 확신을 하여 주지 않는데
내가 만일 강제로 권하면 화상은 어찌하겠는가.
필시 내 말을 더욱 허망하게 알고 말 것이니,
저 사람은 아직 참선에 대한 취미도 모르고 아무 발원도 없는데,

그것을 억지로 권함은 저 사람으로 하여금 참선을 도리어 허망하게 알게 함이요,
허망하게 아는 때에는 영영 참선을 아니할 것이 아닌가.
그러므로, 이는 사람 제도하는 묘방이 아니니라.]
노승이 말하기를
[그러하오면 어떻게 하는 것이 제도하는 묘방이 되오리까.]
대종사 말씀하시기를
[저 바위 속에 금이 든 줄을 알았거든
내가 먼저 채굴하여다가 그것을 광채 있게 쓰면
사람들이 나의 부유해진 연유를 알고자 하리니,
그 알고자 하는 마음의 정도를 보아서 그 내역을 말하여 준다면
그 사람들도 얼마나 감사히 그 금을 채굴하려 할 것인가.
이것이 곧 사람을 제도하는 묘방일까 하노라.]
노승들이 고쳐 앉으며 말하기를
[선생의 제도하시는 방법은 참으로 광대하나이다.] 하니라.

『대종경』「실시품」2장

- **상좌上佐** : 행자行者. 스승의 대를 이을 여러 제자 가운데 가장 높은 사람. 상족上足.
- **화상和尙** : 수행을 많이 한 승려. 승려의 경칭.
- **묘방妙方** : 아주 교묘한 방법. 묘법妙法. 묘책. 효험이 있는 처방이나 약방문.

사람을 제도하는 묘방 | 풀이 |

대종사 하루는 실상사에 가시었더니,
때에 노승 두 사람이 한 젊은 상좌에게 참선參禪을 하라 하되
종시 듣지 아니한다 하여 무수히 꾸짖고 나서, 대종사께 고하기를
[저런 사람은 당장에 천 불이 출세하여도 제도하지 못하리니
이는 곧 세상에 버린 물건이라.] 하거늘

노승들이 상좌에게 참선을 권해도 상좌가 말을 듣지 않은 모양입니다.
수행자로서는 쓰지 말아야 할 극단적인 표현으로 상좌를 나무랍니다.
'천 불佛이 출세하여도 제도하지 못하리니'라는 부정적 표현과
'세상이 버린 물건'이라는 인연을 끊는듯한 상극의 언사를 합니다.
지도를 따르지 않는 상좌로 인해 노승들의 마음에 원망심이 가득합니다.
대종사님에게 답답한 속내를 하소연하는 장면입니다.

대종사 웃으시며 말씀하시기를
[화상和尙들이 저 사람을 생각하기는 하였으나
저 사람으로 하여금 영영 참선을 못하게 하는 것도 화상들이로다.] 하시니,
한 노승이 말하기를
[어찌하여 우리가 저 사람에게 참선을 못하게 한다 하시나이까.]

대종사님께서는 '응용하기 전에 응용의 형세를 보아 미리 연마하기를 주의할 것이요'라
는 「상시 응용 주의 사항」2조 말씀과 같이 응용의 형세를 보고 걱정을 하십니다.
노승들의 의도는 좋지만 결과는 의도와 다를 수 있다는 예측의 말씀입니다.

대종사 말씀하시기를
[남의 원 없는 것을 강제로 권하는 것은
그 사람으로 하여금 영영 그 일을 싫어하게 함이니라.
내가 지금 화상에게 저 산의 바위 속에 금이 들었으니
그것을 부수고 금을 캐라고 무조건 권하면
화상은 곧 나의 말을 믿고 바로 채굴을 시작하겠는가.]

대종사님은 상좌의 심리를 꿰뚫고 계십니다.
'원 없는 것을 강제로 권하는 것'의 폐해를 지적하십니다.
금이 있는지도 모르는데 금을 캐라고 하는 것과 같다는 쉬운 비유도 들어주십니다.

노승이 한참 동안 생각한 후에 말하기를
[그 말씀을 믿고 바로 채굴은 못 하겠나이다.]
대종사 말씀하시기를
[화상이 그와 같이 확신을 하여 주지 않는데
내가 만일 강제로 권하면 화상은 어찌하겠는가.
필시 내 말을 더욱 허망하게 알고 말 것이니,
저 사람은 아직 참선에 대한 취미도 모르고 아무 발원도 없는데,
그것을 억지로 권함은 저 사람으로 하여금 참선을 도리어 허망하게 알게 함이요,
허망하게 아는 때에는 영영 참선을 아니할 것이 아닌가.
그러므로, 이는 사람 제도하는 묘방이 아니니라.]

노승들이 화상을 지도하는 방법의 문제점을 알려주십니다.
노승들은 먼저 상좌에게 '확신'을 줄 수 있어야 하며,
상좌가 참선에 '취미'도 갖도록 점차적으로 지도해야 하고,
참선 공부에 대한 '발원'부터 갖도록 해야 한다고 알려주십니다.
그렇지 않고 '억지로 권함'은 역효과를 내는 것이죠.
'사람 제도하는 묘방'에 대한 친절한 말씀입니다.

아무리 좋은 수행 방법이나 가르침이라고 해도
상대방의 근기에 맞게 교화 방편을 활용해야 합니다.
소위 '수요자 중심'의 교화를 해야 합니다.
'대자대비로 일체 생령을 제도하되 만능이 겸비하며,
천만 방편으로 수기응변하여 교화하되 대의에 어긋남이 없고
교화받는 사람으로서 그 방편을 알지 못하게 하며'라는 「법위등급」'대각여래위'
내용을 깊이 음미해볼 필요가 있습니다.

침선이 유익한 깃이지만 노승들의 교화 방편은 미숙했습니다.
'천만 방편'을 상대방 근기에 맞게 능숙하게 활용하는 능력이 필요합니다.

노승이 말하기를
[그러하오면 어떻게 하는 것이 제도하는 묘방이 되오리까.]
대종사 말씀하시기를
[저 바위 속에 금이 든 줄을 알았거든
내가 먼저 채굴하여다가 그것을 광채 있게 쓰면
사람들이 나의 부유해진 연유를 알고자 하리니,
그 알고자 하는 마음의 정도를 보아서 그 내역을 말하여 준다면
그 사람들도 얼마나 감사히 그 금을 채굴하려 할 것인가.
이것이 곧 사람을 제도하는 묘방일까 하노라.]

비유하시길, 무조건 금을 캐라고 시키기 전에
'내가 먼저 채굴하여다가 그것을 광채 있게 쓰'는 게 우선이라고 설하십니다.
그래야 다른 사람들도 채굴에 나설 것이라고.
요컨대, 노승들이 먼저 참선의 공덕을 나투라는 말씀입니다.
참선을 해서 인격을 완성하고 그 덕이 주변에 미치도록 한다면
상좌도 노승들을 따라 하고 싶은 마음이 날 것이라는 가르침입니다.
'다른 사람의 원 없는 데에는 무슨 일이든지 권하지 말고 자기 할 일만 할 것이요'

- 『정전』「솔성요론」라는 법문이나,
'가르칠 줄 모르는 사람을 잘 가르치는 사람으로 돌리자.' - 『정전』「일상 수행의 요법」
라는 법문과 상통하는 내용입니다.

참선을 한다면 참선의 공덕이 심신작용으로 나타나야 합니다.
짐작하건대, 노승들이 참선에 제대로 공을 들여 공덕을 얻었다면
참선을 하지 않는 상좌의 세정이나 마음을 좀 더 깊이 헤아릴 수 있어야 했고,
극단적으로 부정적이고 상극적인 언사는 삼가야 했습니다.
그래야 상좌도 화상들의 가르침에 호응을 잘했을 것 같습니다.
노승들 역시 그들만의 사정이 있었겠지만 아쉬움이 남는 심신작용입니다.

노승들이 고쳐 앉으며 말하기를
[선생의 제도하시는 방법은 참으로 광대하나이다.] 하니라.

대종사님의 조언을 들은 노승들이 그 말씀에 공감하니
노승들과 상좌 사이의 새로운 변화가 기대됩니다.
이 법문에서 더 깊은 의미와 가르침을 '채굴'하는 것은 우리들의 과제입니다.

나의 마음공부

• 나는 혹시 이 법문의 노승들과 같이 상대방에게 그의 '원 없는 것을 강제로' 권하곤 하나요?

• 나는 수행에 '취미도 모르고 발원도 없는' 사람에게 수행을 하도록 잘 안내할 능력이 있나요?

- 법문 말씀처럼 금을 '내가 먼저 채굴하여다가 그것을 광채있게 쓰는' 것처럼 나는 수행의 공덕을 얻어 잘 쓰고 있나요?

- 나는 상대방의 '마음의 정도를 보아서' 잘 안내하고 가르치는 능력이 있나요?

- 나는 사람을 제도하는 능력을 얼마나 갖추고 있나요?

3

대종사 봉래 정사에 계실 때에 하루는 저녁 공양을 아니 드시므로
시봉하던 김남천·송적벽이 그 연유를 여쭈었더니,
대종사 말씀하시기를
[내가 이곳에 있으매 그대들의 힘을 입음이 크거늘
그대들이 오늘 밤에는 싸움을 하고 내일 아침 해가 뜨기 전에 떠나갈 티이라
내 미리 밥을 먹지 아니하려 하노라.]

두 사람이 서로 사뢰기를
[저희 사이가 특별히 다정하온데 설령 어떠한 일로 마음이 좀 상한들
가는 일까지야 있겠나이까, 어서 공양에 응하소서.] 하더니,
몇 시간 뒤에 별안간 두 사람이 싸움을 하며
서로 분을 참지 못하여 짐을 챙기다가
남천은 대종사의 미리 경계하심이 생각되어 그대로 머물러 평생에 성훈을 지켰고,
적벽은 이튿날 아침에 떠나가니라.

『대종경』「실시품」3장

미리 경계하심　| 풀이 |

대종사 봉래 정사에 계실 때에 하루는 저녁 공양을 아니 드시므로
시봉하던 김남천·송적벽이 그 연유를 여쭈었더니,

대종사님께서 뭔가 걱정이 되셔서 공양을 거르십니다.
흔한 일이 아닙니다.

대종사 말씀하시기를
[내가 이곳에 있으매 그대들의 힘을 입음이 크거늘
그대들이 오늘 밤에는 싸움을 하고 내일 아침 해가 뜨기 전에 떠나갈 터이라
내 미리 밥을 먹지 아니하려 하노라.]

대종사님께서 예언하시듯이 미리 경계의 말씀을 하십니다.
스승된 입장에서 친근한 제자들이 다투고 헤어짐을 보는 것은 괴로운 일입니다.
한 번 도문을 등지면 제도의 연도 끊어지기 쉽습니다.
떠나는 제자의 앞날이 크게 걱정될 일입니다.
대종사님의 식사 거름은 매우 강한 경계警戒의 자비 방편이었던 것입니다.

두 사람이 서로 사뢰기를
[저희 사이가 특별히 다정하온데 설령 어떠한 일로 마음이 좀 상한들
가는 일까지야 있겠나이까, 어서 공양에 응하소서.] 하더니,

제자들은 그 말씀을 무겁게 받아들이지 못한 것 같습니다.
'특별히 다정'한 사이임을 내세워 그 상황을 무마하려고 합니다.
대종사님께서 공양에 응하셨는지는 알 수 없습니다.

몇 시간 뒤에 별안간 두 사람이 싸움을 하며
서로 분을 참지 못하여 짐을 챙기다가
남천은 대종사의 미리 경계하심이 생각되어 그대로 머물러 평생에 성훈을 지켰고,
적벽은 이튿날 아침에 떠나가니라.

아쉽게도 대종사님의 예견이 적중합니다.
두 제자가 싸움을 하고 송적벽이 떠나갑니다.
참고 자료에 의하면 떠난 제자의 종교적 이력이 남달라서
대종사님에게 기대한 바도 다른 제자들과 상이한 점이 있었다고 합니다.
이유야 어떻든 이 법문에서 중요한 것은
대종사님의 '미리 경계하심'을 유념하지 못했다는 점입니다.
제자들이 근기와 일의 형세를 보아서 미리 주의를 당부했건만
제자들의 싸움과 떠나감을 막지 못한 결과가 되었습니다.
매우 구체적인 경계의 말씀을 마음에 새기는 신심이 부족했던 탓입니다.
제자들은 범부들이 보지 못하는 것을 미리 보는 부처님의 능력과 말씀을
무겁게 받들어야 했습니다.
자신들의 운명이 좌우되는 순간임을 알아차려야 했습니다.

나의 마음공부

- 제자들이 싸움을 하고 떠나갈 것을 대종사님은 어떻게 아셨을까요?

- 나에게도 '미리 경계' 해주는 지혜로운 분이 있나요?

- 나에게는 이 법문의 두 제자와 같은 경험이 있었나요?

- 나는 스승님의 경계하심을 오롯이 받들고 있나요?

원기 구 년에 익산 총부를 처음 건설한 후
가난한 교단 생활의 첫 생계로 한동안 엿(飴) 만드는 업을 경영한 바 있었더니,
대종사 항상 여러 제자에게 이르시기를
[지금 세상은 인심이 고르지 못하니
대문 단속과 물품 간수를 철저히 하여 도난을 당하는 일이 없도록 하라.
만일 도난을 당하게 된다면 우리의 물품을 손실할 뿐만 아니라
또한 남에게 죄를 짓게 해줌이 되나니 주의할 바이니라.] 하시고,
친히 자물쇠까지 챙겨 주시었으나
제자들은 아직 경험이 부족한 관계로 미처 모든 단속을 철저히 하지 못하다가,
어느 날 밤에 엿과 엿 목판을 다 잃어버린지라,
제자들이 황공하고 근심됨을 이기지 못하매,

대종사 말씀하시기를
[근심하지 말라. 어제 밤에 다녀간 사람이 그대들에게는 큰 선생이니,
그대들이 나를 제일 존중한 스승으로 믿고 있으나,
일전에 내가 말한 것만으로는 정신을 차리지 못하다가
이제부터는 내가 말하지 아니하여도 크게 주의를 할 것이니,
어제 밤 약간의 물품 손실은 그 선생을 대접한 학비로 알라.]

『대종경』「실시품」4장

• **엿목판** : 엿을 담는 속이 얕은 목판.
• **간수** 看守 : 보살피고 지킴.
• **단속** 團束 : 주의를 기울여 다잡거나 보살핌.
• **황공** 惶恐 : 위엄이나 지위 따위에 눌리어 두렵다.

학비로 알라 | 풀이 |

원기 구 년에 익산 총부를 처음 건설한 후
가난한 교단 생활의 첫 생계로 한동안 엿(飴) 만드는 업을 경영한 바 있었더니,

원기 원년이 서기 1916년이니 원기 9년은 서기 1924년인 셈입니다.
경제적 기반이 전무한 상태에서 출발한 교단의 살림살이는 곤궁했습니다.
물론 일제 치하 민중들의 삶도 마찬가지였습니다.
몇몇 제자들의 제안으로 엿 장사를 시도했던 때의 이야기입니다.

대종사 항상 여러 제자에게 이르시기를
[지금 세상은 인심이 고르지 못하니
대문 단속과 물품 간수를 철저히 하여 도난을 당하는 일이 없도록 하라.
만일 도난을 당하게 된다면 우리의 물품을 손실할 뿐만 아니라
또한 남에게 죄를 짓게 해줌이 되나니 주의할 바이니라.] 하시고,
친히 자물쇠까지 챙겨 주시었으나

여기서도 소태산 대종사님의 '주의', '미리 경계' 하심이 -「실시품」3장 돋보입니다.
물건을 도둑맞지 않도록 '간수'를 잘하라고 주의를 주십니다.
'물품 손실'도 막고, '남에게 죄를 짓게' 하는 것도 방지하려는 의도까지 말씀하시고,
'자물쇠'까지 챙겨주셨습니다.
소태산 대종사님의 인품과 용심법을 엿볼 수 있는 대목입니다.
특히, '자물쇠까지 챙겨 주시'는 데서
대종사님의 세심한 배려심과 알뜰한 챙김을 느낄 수 있습니다.

대종사님께서는 제자들에게 주의를 당부하면서도

그 이유와 목적을 세세하고도 명확하게 설명해주시고,
행동 요령과 방법까지도 구체적으로 지시하십니다.
더구나 자물쇠라는 수단까지 배려해주십니다.
누군가에게 업무를 지시할 때나 무언가를 부탁할 때 유념해야 할 내용입니다.
"문단속 잘해라." 정도로 해도 될 상황에서 이렇게까지 구체적으로 말씀하신
대종사님의 속 마음을 깊이 헤아려야겠습니다.

제자들은 아직 경험이 부족한 관계로 미처 모든 단속을 철저히 하지 못하다가,
어느 날 밤에 엿과 엿목판을 다 잃어버린지라,
제자들이 황공하고 근심됨을 이기지 못하매,

대종사님의 주의에도 불구하고 제자들은 '단속'에 실패합니다.
엿과 엿목판까지 도둑맞은 것이죠.
제자들로서는 대종사님을 뵐 낯이 없게 된 셈입니다.

대종사 말씀하시기를
[근심하지 말라. 어제 밤에 다녀간 사람이 그대들에게는 큰 선생이니,
그대들이 나를 제일 존중한 스승으로 믿고 있으나,
일전에 내가 말한 것만으로는 정신을 차리지 못하다가
이제부터는 내가 말하지 아니하여도 크게 주의를 할 것이니,
어제 밤 약간의 물품 손실은 그 선생을 대접한 학비로 알라.]

보통 사람들이라면 화를 낼 만한 경계가 발생한 것입니다.
신신당부했건만 제자들이 가볍게 듣고 이행하지 않았으니까요.
하지만 대종사님께서는 다르게 대응하십니다.

'근심하지 말라'고 하시며 제자들의 '황공'함과 '근심'됨을 덜어주십니다.
'안심'을 시켜주십니다.

그리고 물건을 훔쳐간 사람을 '큰 선생'이라고 바꿔 부르십니다.
대종사님께서 말씀하셨을 때는 '정신을 차리지 못하다가',
'이제부터는 내가 말하지 아니하여도 크게 주의를 할 것'이니
그 도둑이 대종사님보다 더 큰 스승 역할을 한 것 아니냐는 말씀입니다.

또한 도둑을 '큰 선생'에 비유해서 가르침을 주시니
도둑맞은 물품은 '학비'가 된 셈입니다.
이 난감한 경계境界를 새로운 깨달음과 교훈을 얻는 '학비'로 삼자는 말씀입니다.
경제적 손실에 연연하기보다는 공부의 기회로 삼는 용심법입니다.

대종사님께서는 제자들에게 '주의'를 당부했지만,
제자들은 부주의해서 '단속'과 '간수'에 실패합니다.
'주의'나 '단속', '간수'가 모두 마음챙김이 관건이니
제자들은 마음을 챙기지 못하고 잃어버려서 물건도 잃어버리게 되고
물건을 가져간 사람에게도 악업을 짓게 한 결과를 초래한 셈입니다.
제자들로서는 신앙과 수행, 마음공부를 한다고 공동생활까지 하면서도
정작 '마음'을 놓쳐버리는 큰 실수를 한 것입니다.
유념할 자리에서 유념하지 못하고 무념한 것입니다.
대종사님께서는 '은생어해恩生於害'의 심법으로 제자들을 다독여주시고,
새로운 가르침까지 베풀어주시니 그 은혜가 한량없습니다.

실시품

나의 마음공부

• 나라면 어려운 '교단 생활'을 위해서 엿 장사를 할 수 있었을까요?

• 나의 '주의심'은 어느 정도나 되나요? 이 법문에 등장하는 제자들과 비교해봅니다.

- 내가 주의를 주었는데도 아래 사람이 중요한 물건을 잃어버린다면, 나는 어떻게 반응할까요?

- 나에게도 이 법문의 제자들과 같이 소위 '학비'를 지출한 경우가 있나요?

5

한 제자 성행(性行)이 거칠어서
출가한 지 여러 해가 되도록 전일의 악습을 도무지 고치지 못하므로,
제자들이 대종사께 사뢰기를
[그는 비록 백 년을 법하에 두신다 하더라도 별 이익이 없을 듯하오니,
일찍 돌려보내시어 도량(道場)의 풍기를 깨끗이 함이 좋을까 하나이다.]

대종사 말씀하시기를
[그대들이 어찌 그런 말을 하는가.
그가 지금 도량 안에 있어서도 그와 같으니
사회에 내보내면 그 장래가 더욱 어찌 되겠는가.
또는 사회와 도량을 따로 보는 것은 소승의 생각이요 독선의 소견이니,
큰 견지로 본다면 사회의 부정이 곧 도량의 부정이요,
도량의 부정이 곧 사회의 부정이라,
도량의 부정만을 제거하여 사회에 옮기고자 하는 것이 어찌 원만한 일이라 하리요.

무릇 불법의 대의는
모든 방편을 다하여 끝까지 사람을 가르쳐서 선으로 인도하자는 것이어늘,
만일 선한 사람만 상대하기로 한다면 그 본분이 어디 있겠는가.
그러므로, 그대들은 가르쳐서 곧 화하지 않는 사람이라고
미리 미워하여 버리지 말고 끝까지 최선을 다하되,
제가 능히 감당하지 못하여 나간다면이어니와 그렇지 아니하면
다 같은 불제자로 함께 성불할 인연을 길이 놓지 말게 할지어다.]

『대종경』「실시품」5장

- **도량 道場** : 원불교의 교법을 펼치고 마음을 닦는 장소, 곧 법도량. 소태산대종사가 탄생·대각한 전남 영광을 비롯하여 중앙총부와 전국 각 교당과 기관을 의미한다. 그러나 원불교의 교법은 처처불상 사사불공의 정신을 강조하므로 넓은 의미에서는 이 세상 어디나 다 도량이다. 즉 세속과 도량을 구별하지 아니한다. 무술을 통해 몸을 단련하는 곳은 같은 한문을 쓰고 도장이라고 읽는다.
- **풍기 風氣** : 풍속風俗. 풍도風度와 기상氣象.
- **소승 小乘** : 대승大乘의 상대되는 말로서 작은 수레, 곧 일체중생이 모두 부처가 되기에는 너무나 작은 수레라는 뜻. 소승은 대승불교 측에서 낮추어 부른 말로, 그들 스스로 부르는 명칭은 아니다. 대승은 모든 사람이 믿고 수행할 수 있는 넓은 법이요, 소승은 소수의 사람만이 믿고 수행할 수 있는 편벽된 법이라는 것이다. 불교는 석가모니불의 열반 후 100여 년 만에 상좌부와 대중부로 분열되었는데, 상좌부는 소승불교로 대중부는 대승불교로 발전했다. 오늘날 태국·미얀마를 비롯한 남방불교가 이른바 소승불교요, 한국·일본·중국 등의 북방불교는 대승불교이다.
- **견지 見地** : 사물을 관찰하는 입장. 관점.
- **본분 本分** : 마땅히 지켜야 할 직분. 사람이 저마다 가지는 본디의 신분.

도량의 부정이 곧 사회의 부정 | 풀이 |

한 제자 성행性行이 거칠어서
출가한 지 여러 해가 되도록 전일의 악습을 도무지 고치지 못하므로,
제자들이 대종사께 사뢰기를
[그는 비록 백 년을 법하에 두신다 하더라도 별 이익이 없을 듯하오니,
일찍 돌려보내시어 도량道場의 풍기를 깨끗이 함이 좋을까 하나이다.]

앞선 법문 「실시품」2장에서 노승들이 참선 수행을 하지 않는 상좌에게
'저런 사람은 당장에 천불이 출세하여도 제도하지 못하리니 이는 곧 세상에 버린 물건
이라.'라고 한탄하고 원망하며 법연을 끊는 말을 한 경우와 매우 비슷합니다.
제자들이 '악습'을 고치지 못하고 도량의 분위기를 흐리는 한 제자를
'돌려보내'자고 대종사님께 제언합니다.

대종사 말씀하시기를
[그대들이 어찌 그런 말을 하는가.
그가 지금 도량 안에 있어서도 그와 같으니
사회에 내보내면 그 장래가 더욱 어찌 되겠는가.

소태산 대종사님께서는 제자들의 말에 반대하십니다.
제자들이 '도량'의 청정함을 우선시했다면,
대종사님은 성행이 거친 그 '한 제자'를 먼저 생각하십니다.
그 한 제자의 '장래'를 걱정하십니다.
대종사님과 제자들의 관점의 차이가 명확히 드러나는 대목입니다.

또는 사회와 도량을 따로 보는 것은 소승의 생각이요 독선의 소견이니,

큰 견지로 본다면 사회의 부정이 곧 도량의 부정이요,
도량의 부정이 곧 사회의 부정이라,
도량의 부정만을 제거하여 사회에 옮기고자 하는 것이 어찌 원만한 일이라 하리요.

대종사님께서는 『정전』「일원상 법어」에서
'이 원상(圓相)의 진리를 각(覺)하면 시방 삼계가 다 오가(吾家)의 소유인 줄을 알며,
또는 우주 만물이 이름은 각각 다르나 둘이 아닌 줄을 알며,'라고 설하셨습니다.
'사회'와 '도량'을 '다 오가(吾家)의 소유'로 삼으신 대종사님과
아직 '사회와 도량을 따로 보는' 제자들의 관점의 차이가 드러나고 있습니다.
대종사님은 '사회'와 '도량'의 분별을 초월한 넓은 입장을 취하신 것이고,
제자들은 '사회'와 '도량'을 분별하는 좁은 입장에서 제안을 한 것입니다.
'큰 견지', 즉 '대(大)' 자리, 크게 보는 자리에서 가르침을 주십니다.
이 관점에서 보면 '사회의 부정이 곧 도량의 부정'인 것입니다.
'도량의 부정'을 '사회에 옮기'는 것이 별 의미가 없는 것이죠.
마치 왼쪽 주머니의 물건을 오른쪽 주머니로 옮기는 것과 같은 것입니다.
'소승'과 '독선'이 멀리 있는 것이 아니라
사회와 도량을 '따로' 보는 좁은 '소견'에서 비롯되는 것임을 알려주십니다.
누구든지 품어서 함께 가야 '대승'이라고 할 수 있는 것입니다.

무릇 불법의 대의는
모든 방편을 다하여 끝까지 사람을 가르쳐서 선으로 인도하자는 것이어늘,

소위 '교화'의 의미를 설하십니다.
'사람을 가르쳐서 인도'하려는 목적으로,
하다 마는 것이 아니라 '끝까지' 노력해야 하며,
이를 위해 '모든 방편을 다하여'야 하는 것입니다.
이것이 '불법의 대의'이니 부처님들이 가르침을 펴고 회상을 연 이유입니다.
소태산 대종사님은 이를 달리 표현해서

'파란고해의 일체 생령을 광대무량한 낙원으로 인도하려 함이 그 동기니라'
-『정전』「개교의 동기」라고 하신 바 있습니다.

만일 선한 사람만 상대하기로 한다면 그 본분이 어디 있겠는가.

'선한 사람만 상대' 하자는 제자들의 주장은 '불법의 대의'에 어긋나는 일입니다.
불제자들의 '본분'도 아닌 것입니다.
이는 마치 병원에서 몸이 건강한 사람만 '상대' 하자는 것과 같고,
학교에서 이미 다 배워서 공부를 잘하는 학생만 '상대' 하사는 것과 같습니다.
학교와 교사는 배워야 할 필요가 있는 학생들을 상대하는 것이 대의요 본분입니다.
병원과 의사는 병들어 고통받는 환자들을 상대하는 것이 대의요 본분입니다.
교단과 불보살, 교화자들은 범부와 중생을 상대하는 것이 대의요 본분입니다.

그러므로, 그대들은 가르쳐서 곧 화하지 않는 사람이라고
미리 미워하여 버리지 말고 끝까지 최선을 다하되,

교사는 학생 지도하기를 '끝까지 최선을 다하' 여야 하고,
의사도 환자 치료하기를 '끝까지 최선을 다하' 는 것이 당연한 것처럼,
교화자, 불보살 역시 '끝까지 최선을 다하' 여 '가르쳐서 화하' 게 해야 합니다.
'미리 미워하고 버리' 는 행위는 '대의' 와 '본분' 을 저버리는 일입니다.

제가 능히 감당하지 못하여 나간다면이어니와 그렇지 아니하면
다 같은 불제자로 함께 성불할 인연을 길이 놓지 말게 할지어다.]

'최선' 을 다한다고 해서 그 결과까지 보장되는 것은 아닙니다.
본인이 거부하거나 '감당하지 못하여 나가' 는 수가 있기 때문입니다.
그런 경우가 아니라면 '함께 성불할 인연을 길이 놓지 말게' 해야 한다고 설하십니다.
아무리 어려운 상대라도 '끝까지 최선을 다하' 라는 당부의 말씀입니다.

'대자대비로 일체 생령을 제도하되 만능이 겸비하며'라는
『정전』「법위등급」의 '대각여래위' 내용,
'가르칠 줄 모르는 사람을 잘 가르치는 사람으로 돌리자.'라는
「일상 수행의 요법」과 일맥상통하는 법문입니다.

한 사람을 성불에 이르기까지 인도한다는 것은 매우 아득한 일입니다.
더구나 '일체 생령'을 제도한다는 것은 무한한 노력이 필요한 일입니다.
대상과 시간 등에 대한 기대나 마음의 틀이 없어야 가능한 일입니다.
수행을 무시선無時禪 무처선無處禪으로 하는 것과 같이
불보살의 교화도 무시無時로, 무처無處로, 무위이화無爲而化로 해야
불법의 '대의'와 교화자로서의 '본분'을 다 할 수 있을 것입니다.

마음의 국한을 넓혀 불보살의 심법으로 보면
성행이 거친 '한 제자'도 '함께 성불할 인연'인 것이요,
일체 생령이 모두 다 '함께 성불할 인연'인 것입니다.

나의 마음공부

• 나는 혹시 '전일의 악습을 도무지 고치지 못하'는 사람은 아닌가요?

• 내 안에 있는 '소승의 생각'과 '독선의 소견'은 무엇인가 성찰합니다.

• 나는 평소에 어떤 '견지見地'에서 보고 생활하나요?

- 내가 주로 '상대'하는 사람은 어떤 사람이고, 그 이유와 목적은 무엇인가요?

- 내 삶의 '대의'와 나의 '본분'은 무엇인가요?

한 제자 교칙敎則에 크게 어그러진 바 있어
대중이 추방하기로 공사를 하는지라,
대종사 말씀하시기를
[너희가 어찌 차마 이러한 공사를 하느냐. 그는 나의 뜻이 아니로다.
나는 몇만 명 제자만이 나의 사람이 아니요,
몇만 평 시설만이 나의 도량이 아니라,
온 세상 사람이 다 나의 사람이요,
온 세계 시설이 다 나의 도량이니,
나를 따르던 사람으로 제가 나를 버리고는 갈지언정
내가 먼저 저를 버리지는 아니하리라.] 하시고,
그 제자를 직접 부르시사 혹은 엄히 꾸짖기도 하시고 혹은 타이르기도 하시어
마침내 개과천선의 길을 얻게 하여 주시니라.

『대종경』「실시품」6장

- 개과천선改過遷善 : 지나간 허물을 고치고 착하게 됨.
- 공사公事 : (1) 공공에 관계되는 일. (2) 원불교 교단에서 진행하는 일의 총칭. 원불교에서 하는 일은 공익사업이요 세계 모든 인류를 위하는 일이라는 뜻에서 공사라고 한다. 범위를 넓혀서 국가·사회·인류를 위한 공익적인 일로 공중사 또는 공익사업이란 뜻으로 쓴다. 모든 인류를 위해 좋은 일을 하려는 사업이란 뜻에서 부처님 사업을 공사라 한다. (3) 교당이나 기관에서 하루 일이 끝난 저녁시간이나, 또는 하루 일을 시작하려는 아침시간, 그 외에 적당한 시간에 임원들이 함께 모여 일을 계획·평가·반성하는 것. 조회·석회의 의미도 있다. 또한 교단이나 기관, 교당의 일을 서로 논의하는 회의를 의미하기도 한다.(이 법문에서는 (3)번의 의미로 쓰임–필자 주)

온 세상 사람이 다 나의 사람 | 풀이 |

한 제자 교칙教則에 크게 어그러진 바 있어

소태산 대종사님은 "대중 가운데 처하여 대중의 규칙을 어기는 것은 곧 그 단체를 파괴하는 것이요, 대중의 뜻을 무시하는 것은 곧 천의를 어김이 되나니라."-「요훈품」39장 라고 설하신 바 있습니다.

『정전』「법률은」'법률 보은의 강령'에서는 "법률에서 금지하는 조건으로 피은이 되었으면 그 도에 순응하고, 권장하는 조건으로 피은이 되었으면 그 도에 순응할 것이니라." 라고 설하셨습니다.
'교칙教則에 크게 어그러진 바 있'는 제자의 행동은 분명히 크게 잘못된 것입니다.

대중이 추방하기로 공사를 하는지라,

하지만 그 제자를 '추방'하려는 '대중'들의 취사取捨에는 의문의 여지가 있습니다.
「실시품」에서 거듭해서 나오는 사례와 비슷합니다.
제자들의 관점과 대종사님의 관점이 다릅니다.

대종사 말씀하시기를
[너희가 어찌 차마 이러한 공사를 하느냐. 그는 나의 뜻이 아니로다.

대종사님께서는 제자들의 취사에 대해 '나의 뜻이 아니'라고 분명히 말씀하십니다.

나는 몇만 명 제자만이 나의 사람이 아니요,
몇만 평 시설만이 나의 도량이 아니라,

온 세상 사람이 다 나의 사람이요,
온 세계 시설이 다 나의 도량이니,

「실시품」5장의 '큰 견지'가 생각나는 법문입니다.
원불교 입문 여부와 상관없이 세상 모든 사람이 교화의 대상이요,
원불교의 소유 여부와 상관없이 세상 모든 시설이 도량이라고 단언하십니다.
사람들을 제자로 삼고 시설을 잠시 소유해서 도량으로 삼는 것도 방편일 뿐입니다.
대종사님은 '시방 삼계'를 다 '오가吾家의 소유'로 삼으신 분이기 때문입니다.
제자들이 교단을 위한다는 생각으로 하는 취사는 대종사님의 '뜻'과 다른 것입니다.
이미 국한을 지어 분별하고 주착하기 때문입니다.
국한 없는 대종사님의 관점을 벗어났으니 취사의 결과도 다를 수밖에 없습니다.

나를 따르던 사람으로 제가 나를 버리고는 갈지언정
내가 먼저 저를 버리지는 아니하리라.] 하시고,

제자들이 할 일은 교칙을 어긴 한 제자를 추방하려는 회의를 하는 것이 아니라,
'교칙'을 준수하도록 법률 보은의 의미 등을 '잘 가르치는' 일입니다.
대종사님께서는 그 제자를 위한 구제의 노력을 다하지 않았다고 판단하신 듯합니다.
설혹 그 제자가 대종사님을 떠나갈지언정, 자신이 그를 '먼저 버리지' 않겠다는 뜻을
확고히 밝히십니다.
그것이 바로 「실시품」5장에서 말씀하신 '불법의 대의'일 것입니다.

그 제자를 직접 부르시사 혹은 엄히 꾸짖기도 하시고 혹은 타이르기도 하시어
마침내 개과천선의 길을 얻게 하여 주시니라.

'대자대비로 일체 생령을 제도하되 만능이 겸비하며, 천만 방편으로 수기응변隨機應變하여
교화하되 대의에 어긋남이 없고 교화 받는 사람으로서 그 방편을 알지 못하게 하며'라
는 「법위등급」'대각여래위'의 심법을 나투신 것으로 보입니다.

그 제자가 결국은 자신의 잘못을 깨달아 선도를 갈 수 있도록 하셨으니 다행하고 은혜로운 일입니다.
대종사님은 끝까지 교화자, 지도인으로서의 '본분'을 다하신 셈입니다.

나의 마음공부

- 나는 '교칙'등 법률을 잘 준수하나요?

- 법문과 같이 '교칙'을 크게 어기는 사람에게 나는 어떻게 대응하나요?

- 내가 생각하는 교화의 대상은 누구인가요?

- 내가 생각하는 도량의 크기는 얼마만큼인가요?

- 혹시 '내가 먼저 버리는' 인연이 있나요?

대종사 영산에 계실 때에 창부 몇 사람이 입교하여 내왕 하는지라
좌우 사람들이 꺼리어 사뢰기를
[이 청정한 법석에 저러한 사람들이 내왕하오면
외인의 치소가 있을 뿐 아니라,
반드시 발전에 장애가 될 것이오니,
미리 오지 못하게 하는 것이 좋을까 하나이다.]

대종사 웃으시며 말씀하시기를
[그대들은 어찌 그리 녹록한 말을 하는가.
대개 불법의 대의는 항상 대자대비의 정신으로
일체 중생을 두루 제도하는 데에 있거니,
어찌 그들만은 그 범위에서 제외하리요.
제도의 문은 도리어 그러한 죄고 중생을 위하여 열리었나니,
그러한 중생일수록 더 반가이 맞아들여,
그 악을 느껴 스스로 깨치게 하고,
그 업을 부끄러워 스스로 놓게 하는 것이 교화의 본분이라,
어찌 다른 사람의 치소를 꺼리어 우리의 본분을 저버리겠는가.
또는 세상에는 사람의 고하가 있고 직업의 귀천이 있으나,
불성에는 차별이 없나니,

이 원리를 알지 못하고 다만 그러한 사람이 내왕한다 하여
함께 배우기를 꺼려한다면, 도리어 그 사람이 제도하기 어려운 사람이니라.]

『대종경』「실시품」 7장

- **창부 娼婦** : 창녀. 몸 파는 여자.
- **치소 嗤笑** : 빈정거리며 웃음.
- **녹록 碌碌(錄錄)하다** : 평범하고 보잘것없다. 만만하고 상대하기 쉽다.

창부 몇 사람이 입교하여 | 풀이 |

대종사 영산에 계실 때에 창부 몇 사람이 입교하여 내왕하는지라
좌우 사람들이 꺼리어 사뢰기를
[이 청정한 법석에 저러한 사람들이 내왕하오면
외인의 치소가 있을 뿐 아니라,
반드시 발전에 장애가 될 것이오니,
미리 오지 못하게 하는 것이 좋을까 하나이다.]

대개 사람들은 창부를 아주 천한 사람으로 여기곤 합니다.
그러니 공부가 덜 된 교도들이 창부를 꺼리는 것은 일견 당연한 일입니다.
앞의 「실시품」6장 법문에서는 교단 내의 사람을 내쫓자는 이야기가 있었는데,
여기서는 '꺼리는' 사람들을 받아들이지 말자는 이야기를 제자들이 합니다.
상황은 달라도 내용은 비슷합니다.
제자들은 '외인의 치소', '발전에 장애가 될 것'을 방지하자는 명분을 내세웁니다.
'청정한 법석'을 '창부'들이 더럽힌다는 마음이 작동하고 있다고 볼 수 있습니다.

대종사 웃으시며 말씀하시기를
[그대들은 어찌 그리 녹록한 말을 하는가.

소태산 대종사님은 제자들의 의견을 '녹록한 말'로 평가하십니다.
대종사님의 제자로서가 아니라 속인들의 말과 같이 평범한 견해라고 보신 것입니다.
제자들은 대종사님의 기대에서 벗어난 관점의 이야기를 한 셈입니다.

대개 불법의 대의는 항상 대자대비의 정신으로
일체 중생을 두루 제도하는 데에 있거니,

어찌 그들만은 그 범위에서 제외하리요.
제도의 문은 도리어 그러한 죄고 중생을 위하여 열리었나니,
그러한 중생일수록 더 반가이 맞아들여,
그 악을 느껴 스스로 깨치게 하고,
그 업을 부끄러워 스스로 놓게 하는 것이 교화의 본분이라,
어찌 다른 사람의 치소를 꺼리어 우리의 본분을 저버리겠는가.

대종사님께서는 앞선 법문에 이어서 거듭해서
'불법의 대의'와 '교화의 본분', '우리의 본분'을 말씀하십니다.
누구도 제도의 범위에서 제외하지 않고 '일체 중생을 두루 제도하는' 것이
'불법의 대의'이고,
'그 악을 느껴 스스로 깨치게 하고, 그 업을 부끄러워 스스로 놓게 하는 것이
교화의 본분'이라고 명확하게 알려주십니다.
'다른 사람의 치소'는 상관할 것이 아닙니다.
'우리의 본분'을 다할 뿐이라고 확언하십니다.

또는 세상에는 사람의 고하가 있고 직업의 귀천이 있으나,
불성에는 차별이 없나니,
이 원리를 알지 못하고 다만 그러한 사람이 내왕한다 하여
함께 배우기를 꺼려한다면, 도리어 그 사람이 제도하기 어려운 사람이니라.]

여기서 대종사님은 성리 법문을 해주십니다.
'불성에는 차별이 없'다고.
제자들은 불법을 배워 불법의 대의를 실현하는 것이 각자의 본분이니
거기에 전념하라고 설하십니다.
다른 사람 탓을 해서 '함께 배우기를 꺼려한다면',
바로 그 사람이 제도 받지 못할 것이라고 주의를 주십니다.

'창부'를 대하고 응하는 태도와 견성 성불의 공부는 직결되어 있습니다.
'제불·조사·범부·중생의 성품' - 「일원상 서원문」 이 다르지 않음을 알아야 견성인데
애초에 이들을 나눠본다는 것은 견성 공부와도 맞지 않을뿐더러
견성을 하지 못하고서는 성불도 언감생심焉敢生心입니다.

마음의 자유를 얻으려는 것이 수행의 목적이고
이를 위해서는 평등한 성품 자리를 깨닫는 것이 필요한데,
이렇게 차별적 관점으로 창부를 대하는 행동은 바른 수행이 아니며,
수행으로 얻고자 하는 목적과도 거리가 먼 셈입니다.

'시비 선악과 염정 제법染淨諸法이 다 제호醍醐의 일미一味를 이루리니 이것이 이른바 불이문不二門이라 생사 자유와 윤회 해탈과 정토 극락이 다 이 문으로부터 나오나니라.'라는 내용과는 달리 염과 정, 즉 더러움과 깨끗함을 둘로 차별하는 삶의 태도로는 수행의 목적은 물론 신앙의 목적도 이루기 어렵습니다.
수행자의 태도, 교단의 정체성과 사명이 일관되어야 합니다.

나의 마음공부

- 대종사님의 제자로서 나의 '본분'은 무엇인가요?

- '불법의 대의'는 무엇인가요?

- 나는 '창부'와 '함께 배우기를 꺼려' 하지 않을 수 있나요?

- 나는 '다른 사람의 치소(비웃음)'에 괘념치 않고 내 본분을 다할 수 있나요?

- 나는 '불성에 차별이 없'는 원리를 깨달았나요?

기미년(己未年·1919) 이후 인심이 극히 날카로운 가운데
대종사에 대한 관헌의 지목이 날로 심하여,
금산사에 계시다가 김제 서에서와, 영산에 계시다가 영광 서에서
여러 날 동안 심문당하신 것을 비롯하여
평생에 수많은 억압과 제재를 받으셨으나,
조금도 그들을 싫어하고 미워하시는 바가 없이 늘 흔연히 상대하여 주시었으며,

대중에게도 이르시기를
[그들은 그들의 일을 할 따름이요,
우리는 우리의 일을 할 따름이라,
우리의 하는 일이 옳은 일이라면
누구인들 끝내 해하고 막지는 못하리라.]

『대종경』「실시품」 8장

우리의 하는 일이 옳은 일이라면 | 풀이 |

기미년(己未年·1919) 이후 인심이 극히 날카로운 가운데
대종사에 대한 관헌의 지목이 날로 심하여,
금산사에 계시다가 김제 서에서와, 영산에 계시다가 영광 서에서
여러 날 동안 심문당하신 것을 비롯하여
평생에 수많은 억압과 제재를 받으셨으나,

이 법문과 관련한 교사를 간단히 살펴봅니다.
원기 3년(서기1918년·戊午) 3월 대종사님은 제자들과 방언공사에 착수하여 이듬해 원기 4년(서기1919년·己未) 3월에 준공합니다. 3.1 독립운동과 시기가 겹칩니다. 방언공사를 마친 후 3월 26일에 법인기도를 시작하여 8월 21일에 백지혈인의 법인성사法認聖事를 이룹니다. 이해 8월 휴양처 물색 차 김제 금산사에 머무실 때 이 법문과 관련된 일이 발생합니다.

『대종경선외록』(이공전. 원불교출판사)은 이 당시 일을 다음과 같이 서술합니다.
"하루는 금산사 스님이 느닷없이 마당 한가운데서 죽었다. 그런데 틀림없이 죽은 그가 대종사께서 이마를 만지시니 도로 살아난 것이다. 이런 기적이 일어나자 대종사는 김제서에 신고되어 며칠 심문을 받은 적이 있다. 대종사는 이렇듯 수많은 억압과 제재를 받으셨으나 조금도 그들을 싫어하거나 미워하는 바가 없이 흔연히 상대하였고 항상 심복으로 일제 순경을 감화시켜 나갔다. 그 이후 원기 4년 시월에 봉래산에 들어가 실상사 옆 몇 칸 초당에서 간고한 살림을 하면서 심신의 휴양에 주력하는 한편 교리를 초안하기 시작하였다."

『원불교 대종경 해의』(한종만. 도서출판 동아시아)에 의하면,
'대종사가 김제 경찰서와 영광 경찰서에서 박해를 받은 적이 있었다. 3.1운동 후 대종

사가 8월경에 금산사에 있으면서 거의 죽어가는 사람을 살려냈다. 이러한 특별한 능력이 있는 분은 독립운동과 관련되지 않았느냐고 해서 김제 경찰서에서 박해를 받았다. 영광 경찰서에서 방언 공사의 자금 출처로 인해 고생한 적도 있다. 독립 운동과 관련된 것인가 하여 박해를 받았다.'라고 설명하고 있습니다.

이 밖에도 일제 치하에서 받은 박해의 내용은 이루 말할 수 없을 정도로 많았습니다.
특히 황도불교화皇道佛敎化하려는 일제의 압박은 견뎌내기 힘들 정도였습니다.
도량 안에 일본 경찰을 상주시켜 일동일정을 감시하는 등의 압제가 심각했습니다.

조금도 그들을 싫어하고 미워하시는 바가 없이 늘 흔연히 상대하여 주시었으며,

일제의 압제가 심각했던 시기였으나 대종사님은 상대하는 경찰 등에 대해서
'조금도 그들을 싫어하고 미워하시는 바가 없'었다고 전해지니 놀라운 대목입니다.
부당한 감시와 억압을 받더라도 그것은 그들의 일인 것이고,
대종사님은 자신이 해야 할 일을 할 뿐인 것입니다.
'대자대비'로 교화하시는 대종사님께서 '그들을 싫어하고 미워하'실 일은 없습니다.
미워할 대상이 아니라 제도할 대상이기 때문입니다.
'온 세상 사람이 다 나의 사람' - 「실시품」6장 이라고 하신 바와 같습니다.
'큰 견지' - 「실시품」5장 에서 한 가족으로 보신 것입니다.

대중에게도 이르시기를
[그들은 그들의 일을 할 따름이요,
우리는 우리의 일을 할 따름이라,

'그들의 일'이 옳은 것인지, 그른 것인지에 대해서는 말씀을 아끼십니다.
매우 아량이 넓은 말씀 같기도 하고
한편으론 매우 냉엄한 말씀으로 느껴집니다.
가치 중립적 표현같으면서도 '자업자득'의 뜻을 담은 말씀 같기도 합니다.

시시비비를 가리기 곤란한 시대적 상황을 반영한 매우 무미건조하면서도
인과의 이치에 바탕한 지당한 말씀을 하십니다.

우리의 하는 일이 옳은 일이라면
누구인들 끝내 해하고 막지는 못하리라.]

이어지는 말씀에서는 '우리의 하는 일이 옳은 일'이라는 자긍심을 내보이십니다.
진리에 바탕한 '옳은 일'이라면 '끝내 해하고 막지는 못하리라'라고 확언하십니다.
아무리 어려운 경계가 닥치더라도 '우리는 우리의 일을 할 따름'이라는 견고한 의지를
명확히 표현하십니다.
엄혹한 일제 치하에서 온갖 압박을 견뎌내면서 새 회상을 창립해나가는
대종사님의 결연한 의지가 느껴지는 법문입니다.

과거 불보살, 성현님들의 역사를 돌이켜보면 대종사님의 말씀에 공감하게 됩니다.
그분들이 당대 사람들에게 당한 핍박과 수모는 이루 말할 수 없을 정도였지만
그분들은 법륜을 퇴전하지 않았고 교화를 위한 노력을 결코 쉬지 않았습니다.
어떤 시대, 어떤 민심에도 아랑곳하지 않고 그분들은 할 일을 반드시 해냈습니다.
소태산 대종사님 역시 제생의세의 경륜을 결코 쉬지 않으셨습니다.

나의 마음공부

- 나라면 일제 순경을 '싫어하고 미워하'지 않을 수 있을까요?

- 나는 '수많은 억압과 제재'를 받으면서도 내가 할 일을 꾸준히 해낼 수 있을까요?

- 나는 내가 하는 일을 '옳은 일'이라고 확신하나요?

- '우리의 하는 일이 옳은 일이라면 누구인들 끝내 해하고 막지는 못하리라.'라는 대종사님의 확신의 근거는 무엇일까요?

일경日經 한 사람이 대종사의 명함을 함부로 부르는지라
오창건이 그 무례함에 분개하여 크게 꾸짖어 보내거늘,
대종사 말씀하시기를
[그 사람이 나를 아직 잘 알지 못하여 그러하거늘 크게 탓할 것이 무엇이리요.
사람을 교화하는 사람은 항상 심복으로 저편을 감화시키는 데 힘써야 하나니,
질 자리에 질 줄 알면 반드시 이길 날이 올 것이요,
이기지 아니할 자리에 이기면 반드시 지는 날이 오나니라.]

『대종경』「실시품」9장

- 명함 名銜·名啣 : 성명·주소·직업·신분·전화번호 등을 적은 종이쪽. 남의 성명을 높여 이르는 말. 성함姓銜.
- 분개 憤慨 : 몹시 분하게 여김.
- 심복 心服 : 마음속으로 기뻐하며 성심을 다하여 순종함. '심열성복心悅誠服'의 준말.

질 자리에 질 줄 알면 | 풀이 |

일경日警 한 사람이 대종사의 명함을 함부로 부르는지라
오창건이 그 무례함에 분개하여 크게 꾸짖어 보내거늘,

우리나라를 강압적으로 병탄한 일본제국주의의 경찰인지라
식민지 민중들을 '함부로' 대하는 것이 일상적이었을 수 있습니다.
제자가 일경을 '크게 꾸짖어 보내'는 정도이니 일경이 잘못한 것이 분명해 보입니다.

대종사 말씀하시기를
[그 사람이 나를 아직 잘 알지 못하여 그러하거늘 크게 탓할 것이 무엇이리요.

제자의 행동, 심신작용에 대해서 대종사님께서 감정을 해주십니다.
첫째, 일경이 대종사님에 대한 호칭을 '함부로 부르는' 것에 대하여
그 일경이 '잘 알지 못하여' 그렇게 한 것이니 '크게 탓' 하지 말라고 하십니다.
일경의 무례한 행동의 원인을 잘 살펴보면 그렇게 탓할 필요가 없다는 말씀입니다.
제자에게는 대종사님이 위대한 스승님이지만 일경에게는 그렇지 않은 것이 엄연한 현실입니다.

사람을 교화하는 사람은 항상 심복으로 저편을 감화시키는 데 힘써야 하나니,

'교화하는 사람'의 본분과 태도에 대해서도 알려주십니다.
'항상 심복으로 저편을 감화시키는 데 힘써야' 한다고 말씀하십니다.
제자가 일본 경찰에 '분개' 하고 그를 '크게 꾸짖어 보내' 버렸으나
일경은 마음으로 수긍하지는 않았을 것입니다.
오히려 기회를 봐서 보복을 하려고 마음을 먹었는지도 모를 일입니다.

제자의 행동은 일견 의로워 보일 수 있지만
상대방의 '심복'을 얻어내거나 '감화시키는 데'는 실패했다고 판단됩니다.

질 자리에 질 줄 알면 반드시 이길 날이 올 것이요,
이기지 아니할 자리에 이기면 반드시 지는 날이 오나니라.]

대종사님께서 제자의 처신이
'이기지 아니할 자리에 이기'는 처신이었다고 보신 것 같습니다.
'질 자리에 질 줄' 알아야 함을 가르쳐주십니다.

대종사님께서 깨달으신 '인과보응의 이치'는 '변화'의 원리입니다.
원인에 상응하는 결과가 반드시 따른다는 법칙입니다.
지금 당장은 제자의 처신이 맞는 듯해도
그 행동이 불러올 결과까지를 길게 보시고 제자를 가르쳐주시는 것입니다.
이김이 짐으로 변하고, 짐이 이김으로 변화하는 이치를 깊이 궁구해야겠습니다.
음이 양으로, 양이 음으로,
강이 약으로, 약이 강으로,
원인이 결과로, 결과가 원인으로,
유는 무로, 무는 유로 돌고 도는 무궁한 인과의 이치를 깊이 성찰해야겠습니다.
그래야 지금의 자리가 '이길 자리'인지 '질 자리'인지를 알 수 있을 것입니다.

나의 마음공부

- 내가 제자였다면 어떻게 행동했을까요?

- 나는 상대를 이길 수 있는데도 져준 적이 있나요?

- 나는 '질 자리'를 잘 알아차리나요?

- 나는 '심복으로 저편을 감화' 시키는 능력을 얼마만큼이나 갖추었나요?

- 나는 '이기지 아니할 자리'에 이겼다가 '지는 날'을 맞이한 경우를 보았나요?

10

한 제자의 사상이 불온하다 하여 일경이 하룻 동안 대종사를 심문하다가
[앞으로는 그런 제자가 다시 없도록 하겠다고 서약하라.] 하는지라,
대종사 말씀하시기를
[부모가 자녀들을 다 좋게 인도하려 하나
제 성행性行이 각각이라 부모의 마음대로 다 못하는 것이요,
나라에서 만백성을 다 좋게 인도하려 하나
민심이 각각이라 나라에서도 또한 다 그렇게 해 주지를 못하나니,
나의 일도 그와 같아서 모든 사람을 다 좋게 만들고자 정성은 들이지마는
그 많은 사람들을 어찌 일조 일석에 다 좋게 만들 수 있겠는가.
그러므로, 앞으로도 노력은 계속하려니와
다시는 없게 하겠다고 서약하기는 어렵노라.] 하시고,

돌아오시어 대중에게 말씀하시기를
[오랫동안 강약이 대립하고 차별이 혹심하여
억울하게 묻어 둔 원한들이 많은지라,
앞으로 큰 전쟁이 한 번 터질 것이요,
그 뒤에는 세상 인지가 차차 밝아져서
개인들이나 나라들이 서로 돕고 우호 상통할지언정
남의 주권을 함부로 침해하는 일은 없으리라.]

『대종경』「실시품」10장

- **성행性行** : 성품과 행실을 아울러 이르는 말.
- **인지人智** : 사람의 지혜. (필자 주)

세상 인지가 차차 밝아져서 | 풀이 |

한 제자의 사상이 불온하다 하여 일경이 하룻 동안 대종사를 심문하다가
[앞으로는 그런 제자가 다시 없도록 하겠다고 서약하라.] 하는지라,

일제 치하인데도 한 제자가 일제를 비판한 글을 써서 곤경에 처한 경우입니다.
대종사님까지 일경에 불려가서 심문을 당하다가
소위 '재발 방지'를 약속하라는 일경의 요구에 직면하십니다.

대종사 말씀하시기를
[부모가 자녀들을 다 좋게 인도하려 하나
제 성행性行이 각각이라 부모의 마음대로 다 못하는 것이요,
나라에서 만백성을 다 좋게 인도하려 하나
민심이 각각이라 나라에서도 또한 다 그렇게 해 주지를 못하나니,
나의 일도 그와 같아서 모든 사람을 다 좋게 만들고자 정성은 들이지마는
그 많은 사람들을 어찌 일조 일석에 다 좋게 만들 수 있겠는가.

한 교단의 대표로서 제자들을 지도하지만 그 한계 또한 분명함을 말씀하십니다.
부모와 자녀, 나라와 백성의 관계로 사제의 관계를 설명하십니다.
스승의 의도와 제자의 성행은 다르게 나타날 수 있음을 논리적으로 설명하십니다.

그러므로, 앞으로도 노력은 계속하려니와
다시는 없게 하겠다고 서약하기는 어렵노라.] 하시고,

따라서 지도자로서 '노력은 계속' 하겠지만
제자들의 미래 행동까지 보장하는 '서약'은 할 수 없다는 합리적 귀결에 이릅니다.

실시품

일경들도 대종사님의 논리적 설명에 설득될 수밖에 없었습니다.

일제 치하에 경찰서로 불려가서 심문을 당하는 상황에서는
누구라도 그 정도의 '서약'을 하기가 쉬울 것입니다.
그런데 대종사님은 매우 합리적인 설명과 설득으로 그 경계에서 벗어나십니다.
범부들이 하기 힘든 대응입니다.
부처님은 천만 경계에 어떻게 응하여 심신작용을 하는지를 잘 보여주는 장면입니다.

돌아오시어 대중에게 말씀하시기를

사실 이 뒷부분의 법문은 『대종경』 「전망품」의 내용에 포함되어도 좋을 내용입니다.
미래 세상에 대한 말씀이기 때문입니다.
추측하건대, 대종사님께서 일경의 수모를 받으시고 돌아오시니
제자들이 일제의 압제에 불만을 토로하고 교단의 앞날을 걱정했을 것 같습니다.
암울한 일제 통치가 언제 끝날지를 알 수 없는 때이니까요.
그런 상황에서 이런 법문을 이어서 설하신 것으로 생각됩니다.

[오랫동안 강약이 대립하고 차별이 혹심하여
억울하게 묻어 둔 원한들이 많은지라,
앞으로 큰 전쟁이 한 번 터질 것이요,

'강약의 대립'은 필히 '차별'을 심화시킵니다.
당연히 '원한'이 쌓이게 됩니다.
이 원한이 '큰 전쟁'으로 터진다고 예견하십니다.
인과의 이치에 의한 논리적 추론이요, 예견입니다.

그 뒤에는 세상 인지가 차차 밝아져서
개인들이나 나라들이 서로 돕고 우호 상통할지언정

남의 주권을 함부로 침해하는 일은 없으리라.]

'큰 전쟁' 이후에 사람들의 지혜가 밝아져서
'서로 돕고 우호 상통' 하는 세상으로 발전할 것이라고 밝은 전망을 해주십니다.
이 당시 '남의 주권을 함부로 침해하는 일'을 자행하는 주체는 당연히 일본입니다.
긍정적이고 밝은 전망의 말씀이지만
일제의 부당한 압제가 오래가기 힘들다는 의미로 해석할 수 있는 법문입니다.
끝을 알 수 없는 일제의 탄압에 지친 제자들에게 희망을 주는 법문입니다.

나의 마음공부

• 내가 일경에 불려간 상황이라면 나는 어떻게 대응했을까요?

• 대종사님의 일경에 대한 대응을 통해서 나는 무엇을 배울 수 있나요?

• 앞으로 '큰 전쟁'이 일어나는 원인을 법문에서 찾아봅니다.

- 앞으로 '개인들이나 나라들'이 '남의 주권을 함부로 침해하는 일'이 없게 하려면 어떻게 해야 할까요?

- 나도 대종사님과 같은 대응을 할 수 있으려면 어떤 공부를 어떻게 해야 할까요?

한 사람이 대종사께 여쭙기를
[이러한 세상에도 견성한 도인이 있사오리까.]
대종사 말씀하시기를
[이러한 세상일수록 더욱 견성한 도인이 많이 나야 할 것이 아닌가.]
그 사람이 다시 말히기를
[선생께서는 참으로 견성 성불을 하셨나이까.]
대종사 웃으시며 말씀하시기를
[견성 성불은 말로 하는 것도 아니요 말만 듣고 아는 것도 아니므로,
그만한 지각을 얻은 사람이라야 그 지경을 알아볼 수 있는 것이며,
도덕의 참다운 가치는 후대의 천하 사람들이 증명할 바이니라.]

『대종경』「실시품」11장

- **지경 地境** : (1) 나라나 지역 따위의 구간을 가르는 경계. (2) 일정한 테두리 안의 땅. (3) '경우' 나 '형편', '정도' 의 뜻을 나타내는 말.(경지 境地의 의미-필자 주)

견성 성불을 하셨나이까 | 풀이 |

한 사람이 대종사께 여쭙기를
[이러한 세상에도 견성한 도인이 있사오리까.]
대종사 말씀하시기를
[이러한 세상일수록 더욱 견성한 도인이 많이 나야 할 것이 아닌가.]

일제 치하의 어두운 세상에서도 견성 도인이 나올 수 있겠냐는 질문입니다.
그냥 살아내기도 힘든 세상에서 견성 도인이 되기도 어렵고
견성 도인이 있다고 해도 알아보기 힘들 것 아니냐는 중의적 질문으로 보입니다.
어두운 때 등불이 필요하듯이
대종사님은 '이러한 세상일수록' 견성 도인이 더 필요하다고 응답하십니다.

그 사람이 다시 말하기를
[선생께서는 참으로 견성 성불을 하셨나이까.]

오히려 이런 시국에 견성 도인이 많이 나와야 할 것이라는 대종사님 말씀에
'그 사람'이 좀 더 직접적인 질문을 던집니다.
"그렇게 말하는 당신은 어떤가?"
"그렇게 말할 만큼 당신은 견성한 도인인가?"라고 묻는 듯합니다.

대종사 웃으시며 말씀하시기를
[견성 성불은 말로 하는 것도 아니요 말만 듣고 아는 것도 아니므로,
그만한 지각을 얻은 사람이라야 그 지경을 알아볼 수 있는 것이며,

대종사님은 즉답을 피하십니다.

'했다' 또는 '하지 않았다' 라고 응답하지 않습니다.
그런 대답이 무의미할 수 있기 때문입니다.

하지만 가르침은 주십니다.
'그만한 지각을 얻은 사람이라야 그 지경을 알아볼 수 있' 다고.
뼈아프도록 사실적이고 합리적인 법문입니다.
자신이 견성을 못했다면 상대방의 견성 여부도 알아볼 수 없기 때문입니다.
자신이 일정 경지에 올라야 상대방이 어느 경지에 있는지도 알 수 있습니다.

도덕의 참다운 가치는 후대의 천하 사람들이 증명할 바이니라.]

여기서의 '도덕의 가치'는 소태산 대종사님의 교법이라고 봐야 할 것입니다.
암울한 시대에 시골 작은 단체에서 소수의 제자들을 지도하는 대종사님의 교법을
이 당시에 알아보는 사람은 매우 드물었습니다.
어쩌면 당연한 일일 수 있습니다.
'견성' 하고, '그만한 지각을 얻은 사람' 이 그만큼 적었다는 반증입니다.
지혜로운 사람이라면 대종사님의 교법만을 보더라도
대종사님의 '견성' 여부와 '지경'(경지)을 충분히 '알아볼 수' 있었을 것입니다.

자신을 알아보지도 못하고, 자신의 교법을 제대로 알아보지도 못하는 상황에서도
대종사님은 '후대의 천하 사람들이 증명할' 것이라고 확언하십니다.
대종사님이 내놓은 도덕에 대한 자부심을 확인할 수 있는 대목입니다.

견디기 힘든 일제 치하에서 평지조산平地造山의 개척 역사를 쓰시던 대종사님의
'이러한 세상일수록 더욱 견성한 도인이 많이 나야 할 것이 아닌가.' 라는 말씀이
매우 절절합니다.

나의 마음공부

• 나는 '견성 도인'을 알아볼 수 있나요?

• 나는 '견성'을 했나요?

• 시대적 상황과 '견성 도인'의 출현과는 어떤 관계가 있을까요?

• 나는 대종사님의 '도덕의 참다운 가치'를 얼마나 알고 있나요?

형사 한 사람이 경찰 당국의 지령을 받아,
대종사와 교단을 감시하기 위하여 여러 해를 총부에 머무르는데,
대종사 그 사람을 챙기고 사랑하시기를 사랑하는 제자나 다름없이 하시는지라,
한 제자 여쭙기를
〔그렇게까지 하실 것은 없지 않겠나이까.〕
대종사 말씀하시기를
〔그대의 생각과 나의 생각이 다르도다.
그 사람을 감화시켜 제도를 받게 하여 안될 것이 무엇이리요.〕하시고,
그 사람이 있을 때나 없을 때나 매양 한결같이 챙기고 사랑하시더니,
그가 드디어 감복하여 입교하고 그 후로 교중 모든 일에 많은 도움을 주니
법명이 황이천黃二天이러라.

『대종경』「실시품」12장

- 황이천 黃二天 : (1910~1990) 본명 가봉假鳳. 일제강점기에 원불교를 전담하여 수사하던 순사. 소태산 대종사의 인품과 가르침에 감복, 제자가 되어 교중일을 도왔다. 1931년 5월 1일 경찰 교습소에 입소 훈련을 받고 10월 1일에 이리경찰서에 부임했다. 이후 이리 역전파출소, 황등주재소를 전전 1936년 10월 익산총부 구내에 신설된 북일주재소에 파견, 민족종교 박멸의 구실을 찾기 위해 이후 5년간 불법연구회 사찰을 전담했다. 황 순사는 불법연구회 구내에 주재한 지 1개월 만에 식비 청구서를 받고 부정 단체는 아니라는 인식을 갖게 되었다. 황 순사는 선객을 감시하기 위해 동하선을 같이 나고 사상 검토를 하기 위해 『육대요령』 등 교과서를 정독하고 사은에 대한 강의를 듣고는 참으로 그동안 배웠던 것은 헛것이었고 미련하게 살았다는 것을 깨달았다. 소태산은 황가봉 순사에게 일정하에서 거짓되게 처세하는 그에게 새 하늘에 바르게 살라는 뜻의 이천二天이라는 법명을 주었다. 황 순사는 소태산이 준 법복 차림으로 선방과 대각전에서 대중을 감시하며 먼저 조실에 보고하고 난 뒤에 이리경찰서에 보고했다. 황이천은 1947년(원기32) 6월 1일 소태산 열반기념일에 정식으로 입교 수속을 밟았고, 뒷날 자녀 명신이 전무출신했다. 그는 만년에 원불교 교도로서 돈독한 신행생활을 하고 총부와 각지 교당을 순회하며 '대종사 추모담'을 발표했고 『원불교신보』에 '일정하 사찰 형사의 회고-내가 내사한 불법연구회' 제목으로 수기를 연재하기도 했다. 1990년(원기75) 4월 1일 81세를 일기로 열반했다.(朴龍德 씀)-『원불교대사전』

한결같이 챙기고 사랑하시더니 | 풀이 |

형사 한 사람이 경찰 당국의 지령을 받아,
대종사와 교단을 감시하기 위하여 여러 해를 총부에 머무르는데,

소태산 대종사님과 교단에 대한 일제의 감시와 탄압 정도를 알 수 있는 대목입니다.
전담 형사가 총부에 상주하면서 24시간 감시하는 숨 막히는 상황입니다.

대종사 그 사람을 챙기고 사랑하시기를 사랑하는 제자나 다름없이 하시는지라,
한 제자 여쭙기를
[그렇게까지 하실 것은 없지 않겠나이까.]

'눈엣가시' 같은 사람을 대종사님은 '사랑하는 제자'처럼 대하시니
제자들의 불만도 당연해 보입니다.
'그렇게까지'라는 표현이 흥미롭습니다.
제자들이 보기엔 형사에 대한 대종사님의 사랑이 너무 지나치다고 느꼈나 봅니다.
대종사님의 사랑의 정도를 가늠해볼 수 있는 대목입니다.

대종사 말씀하시기를
[그대의 생각과 나의 생각이 다르도다.
그 사람을 감화시켜 제도를 받게 하여 안될 것이 무엇이리요.] 하시고,

요컨대, '제자'로 삼아 사랑해주는 것이 무엇이 문제냐는 말씀입니다.
이미 대종사님은 '온 세상 사람이 다 나의 사람' - 「실시품」6장 이라고 하셨죠.
교화해야 할 '일체 생령'에서 황 순사만을 제외할 이유가 없는 것입니다.

그 사람이 있을 때나 없을 때나 매양 한결같이 챙기고 사랑하시더니,
그가 드디어 감복하여 입교하고 그 후로 교중 모든 일에 많은 도움을 주니
법명이 황이천黃二天이러라.

이미 실시품 곳곳에서 대종사님의 이같은 관점이 언급되었죠.
대종사님은 '불법의 대의'에 충실하고 당신의 '본분'을 다하는 것입니다.
부처님의 심법으로 형사를 대하시고
처처불상 사사불공의 가르침을 몸소 실행한 것입니다.
'그 사람이 있을 때나 없을 때나 매양 한결같이 챙기고 사랑' 하셨기 때문에
그 진심이 형사를 감복하게 했을 것입니다.

이 사례야말로 교화의 정수를 보여준다고 생각합니다.
미워해야 마땅할 사람을 미워하지 않고 사랑하시고
끝까지 '감화시켜 제도를 받게' 하시는 대종사님의 모습이 경외롭습니다.
처처불상 사사불공을 어떻게 하는 것인지를 잘 보여주는 법문입니다.
아주 극적인 '은생어해恩生於害'의 사례이기도 합니다.
어떻게 해야 '낙원세상'을 만들 수 있는지를 손수 보여주십니다.

나의 마음공부

• 나는 대종사님과 같이 곤란한 경계를 당해본 적이 있나요?

• 내가 그때 황이천 형사와 함께 지냈다면 나는 그를 어떻게 대했을까요?

• 나는 미운 짓 하는 사람을 '그 사람이 있을 때나 없을 때나 매양 한결같이 챙기고 사랑'할 수 있나요?

• 그렇게 '한결같이 챙기고 사랑'하려면 나는 어떤 공부를 해야 할까요?

• 나는 누구를 '감화시켜 제도를 받게' 하고 싶은가요?

13

대종사 영산에 계실 때에,
하루는 그 면의 경관 한 사람이 이웃 마을에 와서 사람을 보내어
대종사의 오시기를 요구하는데 대종사 곧 그에 응하려 하시는지라,
좌우 제자들이 그 경관의 무례함에 분개하여, 가심을 만류하거늘,
대종사 말씀하시기를
[내가 가서 그 사람을 보는 것이 무엇이 불가하다는 말인가.]
한 제자 사뢰기를
[아무리 도덕의 가치를 몰라주는 세상이기로
그와 같은 일개 말단 경관이 수백 대중을 거느리시는 선생님에게
제 어찌 사의私意로써 감히 오라 가라 하오리까.
만일 그대로 순응하신다면 법위의 존엄을 손상할뿐 아니라
교중에 적지 않은 치욕이 될까 하나이다.]
대종사 말씀하시기를
[그대의 말이 그럴 듯하나 이에 대하여는 조금도 염려하지 말라.
내 이미 생각한 바가 있노라.] 하시고,

바로 그 곳에 가시어 그를 면회하고 돌아 오시사,
제자들에게 말씀하시기를
[내가 가서 그를 만나매 그가 도리어 황공한 태도로 반가이 영접하였으며
더할 수 없이 만족한 표정으로 돌아갔으니,
그가 우리를 압제하려는 마음이 많이 줄어졌으리라.
그러나, 내가 만일 가지 아니하였다면
그가 우리를 압제하려는 마음이 더할 것이요,
그러하면 그 결과가 어찌 되겠는가.

지금 저들은 어떠한 트집으로라도 조선 사람의 단체는 다 탄압하려 하지 않는가.
그러므로, 이러한 경우에는 이렇게 대응하는 것이 가장 마땅한 길이 되나니라.
대저, 남의 대접을 구하는 법은
어느 방면으로든지 먼저 그만한 대접이 돌아올 실적을 세상에 나타내는 것이니,
그러한다면 그 실적의 정도에 따라 모든 사람이 다 예를 갖추게 되리라.
그러나, 불보살의 심경은 위를 얻은 뒤에도
위라는 생각이 마음 가운데 머물러 있지 아니 하나니라.]

『대종경』「실시품」13장

남의 대접을 구하는 법 | 풀이 |

대종사 영산에 계실 때에,
하루는 그 면의 경관 한 사람이 이웃 마을에 와서 사람을 보내어
대종사의 오시기를 요구하는데 대종사 곧 그에 응하려 하시는지라,
좌우 제자들이 그 경관의 무례함에 분개하여, 가심을 만류하거늘,

일제의 경관이 대종사님을 무례하게 소위 '오라 가라' 하는 장면입니다.
어떻게 응해야 할지 대종사님과 제자들의 판단이 엇갈리고 있습니다.

대종사 말씀하시기를
[내가 가서 그 사람을 보는 것이 무엇이 불가하다는 말인가.]

같은 경계를 대하는 데 제자들과 대종사님의 방식이 다릅니다.
법위의 차이요, 삼대력의 차이요, 방편의 차이요, 대자대비심의 차이일 것입니다.

한 제자 사뢰기를
[아무리 도덕의 가치를 몰라주는 세상이기로
그와 같은 일개 말단 경관이 수백 대중을 거느리시는 선생님에게
제 어찌 사의私意로써 감히 오라 가라 하오리까.
만일 그대로 순응하신다면 법위의 존엄을 손상할뿐 아니라
교중에 적지 않은 치욕이 될까 하나이다.]

경관에게 가시겠다는 대종사님의 발걸음을 막는 제자들의 판단 기준은
첫째, '법위의 존엄을 손상'한다는 것,
둘째, '교중에 적지 않은 치욕'이 된다는 것입니다.

대종사 말씀하시기를
[그대의 말이 그럴 듯하나 이에 대하여는 조금도 염려하지 말라.
내 이미 생각한 바가 있노라.] 하시고,
바로 그 곳에 가시어 그를 면회하고 돌아 오시사,
제자들에게 말씀하시기를
[내가 가서 그를 만나매 그가 도리어 황공한 태도로 반가이 영접하였으며
더할 수 없이 만족한 표정으로 돌아갔으니,
그가 우리를 압제하려는 마음이 많이 줄어졌으리라.

대종사님은 제자들의 만류를 듣지 않으시고 경관에게 다녀오십니다.
다녀오셔서 경관을 만난 성과를 이야기해주십니다.
놀랍게도 제자들의 우려와는 전혀 다른 결과입니다.

'대자대비로 일체 생령을 제도하되 만능이 겸비하며, 천만 방편으로 수기응변하여
교화하되 대의에 어긋남이 없고 교화 받는 사람으로서 그 방편을 알지 못하게 하며'
라는 「법위등급」 '대각여래위' 조목의 내용이 그대로 드러나는 듯한 대목입니다.

경관을 만나기 전에 이미 마음속으로 '방편'을 마련하셨으며,
경관은 자신도 모르는 사이에 '교화 받는 사람'이 된 셈입니다.
'대자대비로 일체 생령을 제도'하려는 대종사님 마음에는
경관에 대한 미움은 존재하지 않았습니다.
경관의 근기에 맞는 대응 즉, '수기응변隨機應變'만이 필요했을 뿐입니다.
우려했던 경관과의 만남도 만족스럽게 마무리되고
경관이 '우리를 압제하려는 마음이 많이 줄어졌으리라.'라고 성과를 판단하십니다.

그러나, 내가 만일 가지 아니하였다면
그가 우리를 압제하려는 마음이 더할 것이요,
그러하면 그 결과가 어찌 되겠는가.

지금 저들은 어떠한 트집으로라도 조선 사람의 단체는 다 탄압하려 하지 않는가.
그러므로, 이러한 경우에는 이렇게 대응하는 것이 가장 마땅한 길이 되나니라.

일제가 어떻게 해서든 '트집'을 잡으려 하는 난감한 경계에 응하는
대종사님의 용심법을 자세히 설명해주십니다.
이미 경관의 마음을 꿰뚫어보신 운심처사입니다.
나아가, '어떠한 트집'이라도 잡으려는 일제에 대해서
'이렇게 대응하는 것이 가장 마땅한 길'이라고 방법을 알려주십니다.

대저, 남의 대접을 구하는 법은
어느 방면으로든지 먼저 그만한 대접이 돌아올 실적을 세상에 나타내는 것이니,
그러한다면 그 실적의 정도에 따라 모든 사람이 다 예를 갖추게 되리라.

이 사례에서 배울 수 있는 원리를 알려주십니다.
'대접을 구하는 법'은 '실적'을 내는 것이라고 설하십니다.
어쩌면 경관이 '오라 가라' 하는 현실을 사실적으로 평가한 말씀입니다.
제자들이 할 일은 '분개'할 일이 아니라 '실적'을 쌓는 것입니다.

그러나, 불보살의 심경은 위를 얻은 뒤에도
위라는 생각이 마음 가운데 머물러 있지 아니 하나니라.]

하지만 '대접'을 구하기 위해서 '실적'을 쌓는 것은 불보살의 심법이 아닙니다.
그저 불보살의 할 일을 할 뿐임을 알려주십니다.
불보살과 성현님들은 '대접'을 받기보다 수모와 치욕, 핍박을 받곤 합니다.
대중들이 잘 몰라보기 때문입니다.
소태산 대종사님이 처한 상황도 다르지 않습니다.
하지만 일일이 대응하기 난감한 상황에서도 부처님의 심법을 보여주십니다.

나의 마음공부

- 내가 대종사님과 같은 상황에 처했다면 어떻게 취사했을까요?

- 나는 불편한 만남도 마다하지 않아 만남의 결과를 좋게 하는 능력이 있나요?

- 나는 사람들로부터 어떤 '대접'을 받으려 하나요?

- 나는 세상에 어떤 '실적'을 쌓고 있나요?

- 혹시 나는 '대접'을 받으려는 기대심으로 어떤 일을 하고 있나요?

당시의 신흥 종교들 가운데에는
재財와 색色 두 방면의 사건으로 인하여
관청과 사회의 이목을 집중시킨 일이 적지 아니한지라,
모든 종교에 대한 관변의 간섭과 조사가 잦았으나
언제니 우리에게는 털끝만한 착오도 없음을 보고,
그들이 돌아가 서로 말하기를
[불법연구회佛法硏究會의 조직과 계획과 실천은
나라를 맡겨도 능란히 처리하리라.] 한다 함을 전하여 들으시고,
대종사 말씀하시기를
[참다운 도덕은
개인·가정으로부터 국가·세계까지 다 잘 살게 하는 큰 법이니,
세계를 맡긴들 못 할 것이 무엇이리요.]

『대종경』「실시품」14장

• 불법연구회 佛法硏究會 : 원불교 교명敎名 선포 이전의 임시 명칭. 1916년(원기1) 4월 28일 소태산대종사의 대각(원기1)으로부터 1948년(원기33) 4월 26일 정식 교명이 선포되기까지 교단을 대표하던 이름이다. 이 시기의 교단 명칭은 몇 가지가 있었다. 처음 명칭은 1917년(원기2)에 설립한 '저축조합貯蓄組合'이다. 1918년(원기3)에는 전남 영광군 백수면 길룡리에 최초의 집회소 구간도실九間道室을 마련하고 그 회실會室의 간판을 '대명국영성소좌우통달만물건판양생소大明局靈性巢左右通達萬物建判養生所'라고 써붙였다. 1919년에는 장차 불법연구회라는 교단을 창설할 목적으로 종래의 저축조합의 이름을 '불법연구회기성조합佛法硏究會期成組合'이라 개칭했다. 그러다가 1924년(원기9) 4월 29일 익산 보광사普光寺에서 각지 대표들이 모여 불법연구회창립총회를 개최하고, 그동안 조합 형태의 이름으로 사용하던 불법연구회기성조합을 불법연구회로 개칭할 것을 결의·공포했다. 당시 일제의 탄압이 심한 시대적 여건 속에서 소태산은 이와 같은 상황을 예견하고 종교라는 명칭 대신에 불법연구회라는 이름을 지어 불법을 근간으로 한 학술단체의 형식으로 출발시킨 것은 시대사적 관점에서도 달관한 처사이며, 이 기간 동안에 원불교는 종교로서의 기본틀의 형성은 물론 세계종교로 웅비할 만반의 준비를 했다고 볼 수 있다.(김성철 씀)–『원불교대사전』

세계를 맡긴들 못 할 것이 무엇이리요 | 풀이 |

당시의 신흥 종교들 가운데에는
재財와 색色 두 방면의 사건으로 인하여
관청과 사회의 이목을 집중시킨 일이 적지 아니한지라,

이 당시는 조선이 쇠망하여 유교적 지배 질서가 붕괴되고
서세동점의 혼란 속에 일제의 침탈과 만행은 도를 더할 때입니다.
나라를 잃고 정신적 중심마저 크게 흔들리던 민중들에게
혹세무민하는 삿된 종파들이 준동하여 심각한 피해를 입히곤 했습니다.
이런 집단들로 인해 재산을 탕진하거나 정조와 목숨을 잃는 일도 빈번했습니다.
신흥 종교 집단이 사회적 물의를 일으킬 때가 이 법문의 배경입니다.

모든 종교에 대한 관변의 간섭과 조사가 잦았으나

종교 단체에 대한 '관변의 간섭과 조사'가 당연했고
교단 총부에는 일본 형사가 24시간 거주하며 감시하던 때입니다.
그들은 소태산 대종사님의 말 한마디까지 감시하며 트집을 잡고자 했습니다.
뜻있는 단체들이 독립운동을 비밀리에 후원하기도 했으니
일제 입장에선 눈에 불을 켜고 종교 단체를 감시하지 않을 수 없었을 것입니다.

언제나 우리에게는 털끝만한 착오도 없음을 보고,

그들이 '털끝만한' 잘못이라도 발견하기 위해 혈안이 되었을 것은 뻔합니다.
어떻게 해서든 뜻있는 단체를 무너뜨려야 했기 때문입니다.
하지만 그들은 우리 교단에서 '털끝만한' 잘못도 찾아내지 못했습니다.

소태산 대종사님의 살림살이 수준이 이미 그들의 수준을 넘어섰기 때문입니다.
대종사님을 모시고 수행하며 보은하는 자급자족의 공동체를 지향했던 교단은
이미 신앙과 수행 그 자체로 '털끝만한' 착오나 잘못도 용납하지 않았습니다.
그들이 발견할 '착오'는 아예 발생하지 않았던 것입니다.

그들이 돌아가 서로 말하기를
[불법연구회佛法研究會의 조직과 계획과 실천은
나라를 맡겨도 능란히 처리하리라.] 한다 함을 전하여 들으시고,

서슬 퍼런 감시가 칭송으로 바뀌었습니다.
'조직', '계획', '실천'을 극찬합니다.
불법연구회의 행정력에 혀를 내두르게 된 모양새입니다.
일례로, 그 당시 불법연구회는 그들을 감시하기 위해 거주한 일본 관리들에게
식비를 정확히 계산해서 청구했다고 합니다.
불법연구회에 거주하며 감시하는 것이 그들의 일이라면
그들에게 식비를 정확하게 산정해서 청구하는 것은 교단의 일이었던 것입니다.
우리는 우리의 할 일, 본분을 다할 뿐인 것입니다.
일본 관리들이 놀라지 않을 수 없는 불법연구회의 자신감입니다.
'나라를 맡겨도 능란히 처리하리라.'라는 평가와 칭송은 흔한 것이 아닙니다.
감시자들의 솔직한 느낌과 생각을 알 수 있는 진솔한 표현입니다.

대종사 말씀하시기를
[참다운 도덕은
개인·가정으로부터 국가·세계까지 다 잘 살게 하는 큰 법이니,
세계를 맡긴들 못 할 것이 무엇이리요.]

이 소식을 들은 대종사님께서 엄청난 자부심을 표하십니다.
자신이 내세운 '도덕'의 가치에 대한 당당한 자랑스러움을 드러내십니다.

'참다운 도덕'을 '개인·가정으로부터 국가·세계까지 다 잘 살게 하는 큰 법'이라고
간명하게 정의하십니다.
이 '참다운 도덕'에 바탕해서 신앙과 수행의 교법을 짰으니
신앙과 수행으로 철저히 훈련된 사람들로 조직된 불법연구회에
'세계를 맡긴들 못 할 것이 무엇이리요'라는 자신감을 내비치신 것입니다.
대종사님은 애초에 '파란고해의 일체 생령을 광대무량한 낙원으로 인도하려 함'을
개교의 동기로 삼으셨으니 이런 자부심은 당연하다고 할 수 있습니다.

대종사님은 세상 사람 모두 '다 잘 살게 하는' 교법을 세상에 내어주셨습니다.
그 어려운 일제 치하에서도 '참다운 도덕'을 실제로 보여주셨으니
이 도덕, 이 교법대로 훈련하고 '실천'하여 '잘 사는' 것은 우리 각자의 몫입니다.

나의 마음공부

• '재'와 '색'으로 물의를 일으킨 그 '당시의 신흥 종교'에 대해 알아봅니다.

• 현재도 그런 종교들이 있는지 살펴봅니다.

• 나는 '털끝만한 착오'도 없이 내가 맡은 일을 다하고 있나요?

• 대종사님의 '참다운 도덕'을 어떻게 '실천'하고 있나요?

• 나는 '개인·가정·국가·세계' 가운데 어느 범위까지 '잘 살게' 하려고 노력하나요?

대종사 서울 교당에서 친히 도량의 제초를 하시고 말씀하시기를
[오늘 내가 도량의 제초를 한 데에는 두 가지 뜻이 있었나니,
하나는 교당 책임자들이
매양 도량의 정리에 유의해야 한다는 것을 본보이기 위함이요,
또 하나는 우리의 마음을 자주 살피지 아니하면 잡념 일어나는 것이
마치 이 도량을 조금만 불고하면 어느 틈에 잡초가 무성하는 것과 같아서
마음공부와 제초 작업이 그 뜻이 서로 통함을 알리어,
제초하는 것으로 마음공부를 대조하게 하고
마음공부하는 것으로 제초를 하게 하여
도량과 심전을 다 같이 깨끗하게 하라는 것이라,
그대들은 이 두 가지 뜻을 항상 명심하여
나의 본의에 어긋남이 없기를 부탁하노라.]

『대종경』「실시품」15장

마음공부와 제초 작업　　| 풀이 |

대종사 서울 교당에서 친히 도량의 제초를 하시고 말씀하시기를
[오늘 내가 도량의 제초를 한 데에는 두 가지 뜻이 있었나니,

원불교는 생활 불교요 생활 종교입니다.
신앙과 수행을 생활 속에서 진행합니다.
신앙과 수행이 생활과 둘이 아닙니다.
생활을 잘하는 것이 종교 생활을 잘하는 것입니다.
'불법시생활佛法是生活 생활시불법生活是佛法' 이란 표어가 이를 잘 나타냅니다.
잠자고, 밥먹고, 세수하고, 청소하고, 일하고, 쉬는 모든 일상이
생활이면서 종교적인 신앙과 수행의 내용이 되어야 합니다.
소태산 대종사님께서 도량의 제초를 하시고 거기에 의미를 부여하십니다.
단순한 청소 행위의 종교적 의미를 드러내 주십니다.

하나는 교당 책임자들이
매양 도량의 정리에 유의해야 한다는 것을 본보이기 위함이요,

첫째는 교당 관리 책임자들은 그 임무를 소홀히 하지 말아야 한다는 것입니다.
맡은 바 책임을 다하지 않으면 도량의 목적을 달성하기 어려워집니다.
잡초가 무성한 도량에서 누가 신앙과 수행을 지도받으려 하겠습니까.
대종사님이 손수 제초를 하기 전에 이미 제초를 해놓았어야 마땅합니다.

또 하나는 우리의 마음을 자주 살피지 아니하면 잡념 일어나는 것이
마치 이 도량을 조금만 불고하면 어느 틈에 잡초가 무성하는 것과 같아서
마음공부와 제초 작업이 그 뜻이 서로 통함을 알리어,

제초의 외면적 목적에 이어서 제초의 내면적 의미를 드러내 주십니다.
'마음공부'를 '제초 작업'에 연계해서 가르침을 주십니다.
'잡초'를 '잡념'에 비유해서 설명하십니다.
공부인이라면 '마음을 자주 살펴'서 '잡념'을 제거해야 한다는 말씀입니다.

제초하는 것으로 마음공부를 대조하게 하고
마음공부하는 것으로 제초를 하게 하여

마음공부를 정성스럽게 하는 공부인은 도량의 잡초를 무성하게 하지 않습니다.
본인의 마음을 잘 챙기면 주위도 잘 챙기기 때문입니다.
그 반대도 마찬가지입니다.
누구나 하기 귀찮은 제초를 잘 챙겨서 하는 사람은 마음공부도 잘 챙겨서 합니다.
결국 둘이 아닙니다.
생활하는 것만 봐도 그 사람의 마음을 알 수 있고
그 사람의 마음가짐을 알면 그 사람의 생활을 짐작할 수 있습니다.
마음이 생활로 드러나기 때문입니다.
대종사님께서 마음공부를 강조하는 이유도 마음공부가 근본이기 때문입니다.

도량과 심전을 다 같이 깨끗하게 하라는 것이라,

대종사님은 '심전心田'이란 표현을 즐겨 사용하십니다.
'심전心田'이란 '마음밭'이란 뜻이니
제초 작업과 잡념을 제거하는 마음공부를 아우르는 좋은 비유입니다.
공부인은 실제 '도량'의 '잡초'도 제거를 잘하고,
자신의 마음밭 '심전'에 일어나는 '잡념'도 잘 다스리라는 가르침입니다.

그대들은 이 두 가지 뜻을 항상 명심하여
나의 본의에 어긋남이 없기를 부탁하노라.]

대종사님이 제초를 하기 위해 서울 교당에 가시지는 않으셨을 것입니다.
가서 보시니 도량의 잡초가 많았을 것입니다.
대종사님은 누구를 시키지 않으시고 직접 제초 작업을 하신 후 가르침을 주셨습니다.
이런 것이 바로 대종사님의 생활 방식입니다.
일과 공부가 둘이 아닌 대종사님의 경지를 쉽게 엿볼 수 있는 대목입니다.
내외 겸전한 원만한 공부인이 유념해야 할 법문입니다.

"불법시생활 : 불법으로 생활을 빛내고 = 일심보은一心報恩
생활시불법 : 생활 속에서 불법을 닦는다 = 보은일심報恩一心
실생활에 부합되는 산 종교"
대산 종사님은 교리 표어에 대해 이렇게 풀이하신 바 있습니다.
마음공부와 보은불공이 둘이 아님을 말씀하십니다.
잡초를 제거하는 보은불공과 잡념을 제거하는 마음공부가 둘이 아니고,
생활과 불법이 둘이 아닌 것입니다.

나의 마음공부

• 내가 책임지는 곳의 환경을 잘 관리(제초, 청소, 위생, 안전)하고 있나요?

• 나는 '마음공부'와 '제초' 중에 무엇을 더 잘하는 편인가요?

• 나는 마음공부를 할수록 일도 잘하는 편인가요?

- 나는 일을 할수록 마음공부도 잘하는 편인가요?

- '도량'과 '심전'을 각각 어느 정도나 깨끗하게 하고 있는지 평가해봅니다.

대종사 언제나 수용하시는 도구를 반드시 정돈하사
비록 어두운 밤에라도 그 두신 물건을 가히 더듬어 찾게 하시며,
도량을 반드시 정결하게 하사 한 점의 티끌이라도 머무르지 않게 하시며,
말씀하시기를
[수용하는 도구가 산란한 것은 그 사람의 마음이 산란한 것을 나타냄이요,
도량이 깨끗하지 못한 것은 그 사람의 마음 밭이 거친 것을 나타냄이라,
그러므로 마음이 게으르고 거칠면 모든 일이 다 다스려지지 못하나니
그 어찌 작은 일이라 하여 소홀히 하리요.]

『대종경』「실시품」16장

어찌 작은 일이라 하여 소홀히 하리요 | 풀이 |

대종사 언제나 수용하시는 도구를 반드시 정돈하사
비록 어두운 밤에라도 그 두신 물건을 가히 더듬어 찾게 하시며,
도량을 반드시 정결하게 하사 한 점의 티끌이라도 머무르지 않게 하시며,

소태산 대종사님의 일상생활 모습을 이 법문을 통해 알 수 있습니다.
평소의 마음가짐과 심신작용도 엿볼 수 있습니다.
제자들이 뵌 대종사님은 도구들을 '반드시 정돈'하셨고,
'어두운 밤에라도', '더듬어 찾'을 정도로 정돈을 철저히 하셨답니다.
가히 최고 수준의 정돈이라고 할 수 있습니다.
쉽게 말하자면 '눈을 감고도 찾을 정도'의 정리정돈인 것이죠.
도량의 청결 상태도 '한 점의 티끌'도 없을 정도로 유지하셨답니다.
소소한 일에도 어느 것 하나 소홀함이 없으십니다.

말씀하시기를
[수용하는 도구가 산란한 것은 그 사람의 마음이 산란한 것을 나타냄이요,
도량이 깨끗하지 못한 것은 그 사람의 마음 밭이 거친 것을 나타냄이라,
그러므로 마음이 게으르고 거칠면 모든 일이 다 다스려지지 못하나니
그 어찌 작은 일이라 하여 소홀히 하리요.]

「실시품」15장 법문과 비슷한 내용입니다.
마음의 산란함이 도구의 산란함으로 나타나고,
거친 '마음 밭'이 '도량'의 불결함으로 나타난다고 설하십니다.
결국 '마음'을 잘 챙겨야 '모든 일'도 잘 다스릴 수 있음을 알려주십니다.
일의 크기가 다를 순 있어도 마음 챙김은 다 같으니

'작은 일이라 하여 소홀히' 해서는 안된다는 가르침입니다.
대종사님은 이처럼 가르침과 평소 삶의 모습이 오롯이 일치하셨습니다.
이사병행, 공부와 일을 함께 온전히 하는 삶의 경지를 보여주십니다.

나의 마음공부

- 나는 자주 쓰는 도구를 어느 정도나 '정돈'하고 사나요?

- 내가 머물며 사용하는 공간을 얼마나 '정결'하게 하고 있나요?

- 나의 '마음 밭'이 거칠 때 주변도 깨끗하지 못한 경험을 해보았나요?

- 나에게 어떤 일이 작은 일이고, 어떤 일이 큰일인가요?

- 나는 작은 일이라고 해서 '소홀'히 하지는 않았나요?

대종사 잠간이라도 방 안을 떠나실 때에는 문갑에 자물쇠를 채우시는지라,
한 제자 그 연유를 묻자오매,
말씀하시기를
[나의 처소에는 공부가 미숙한 남녀노소와 외인들도 많이 출입하나니,
혹 견물생심으로 죄를 지을까 하여 미리 그 죄를 방지하는 일이니라.]

『대종경』「실시품」 17장

• **견물생심 見物生心** : 물건을 보면 가지고 싶은 마음이 생김.

문갑에 자물쇠를 채우시는지라 | 풀이 |

대종사 잠깐이라도 방 안을 떠나실 때에는 문갑에 자물쇠를 채우시는지라,
한 제자 그 연유를 묻자오매,

제자들이 보기엔 대종사님의 처사가 잘 이해되지 않았을 수도 있습니다.
'잠깐이라도' 방을 비우실 때마다 '자물쇠를 채우'셨기 때문입니다.
큰 도를 깨달은 도인이 작은 일에 집착한다고 생각할 수 있습니다.
매우 귀찮고 번거로운 일을 번번이 반복하시니 그 이유가 궁금했을 것입니다.

말씀하시기를
[나의 처소에는 공부가 미숙한 남녀노소와 외인들도 많이 출입하나니,
혹 견물생심으로 죄를 지을까 하여 미리 그 죄를 방지하는 일이니라.]

대종사님은 명확한 이유를 답해주십니다.
혹시라도 물건을 훔치는 '죄를 방지' 하기 위함이라고.

짐작하건대, '응용하기 전에 응용의 형세를 보아 미리 연마하기를 주의' - 「상시 응용 주의 사항」 2조 하는 공부를 실행하신 듯합니다.
'공부가 미숙한 남녀노소와 외인'들은 마음의 힘이 온전하지 못해서
'견물생심'으로 경계 따라 탐심이 발해서 어리석은 행동을 할 수 있습니다.
이런 상황을 감안해서 번거로워도 번번이 자물쇠를 잠그신 것입니다.
만약에 대종사님께서 대중들을 믿고 자물쇠를 채우지 않으셨다가
누군가 물건을 훔쳐 가는 일이 발생했다면 그 결과가 어땠을까요?
인심이 흉흉해지고 도량의 공부 분위기도 해치게 되었겠지요.
대중들이 서로를 의심하거나 대처 방안에 대한 다양한 의견이 분분했을 것입니다.

대종사님의 처사는 '죄를 방지'해서 좋고 '정신을 빼앗아 갈 일을 짓지' -「수행품」2장
않는 유익한 심신작용이었다고 할 수 있습니다.
작은 행동 하나도 분명한 목적 아래 주도면밀하게 실행하시는
대종사님의 심신작용을 잘 보고 배울 수 있는 법문입니다.

나의 마음공부

- 내가 그 당시에 대종사님의 처사를 보았다면 어떤 생각을 했을까요?

- 나는 혹시 내 잘못으로 인해서 물건을 도둑맞은 적이 있나요?

- 혹시 나의 부주의로 누군가의 '죄를 방지'하지 못한 경우가 있나요?

- 나도 대종사님처럼 '미리' 누군가의 '죄를 방지'하기 위해 해야 할 일이 있을까요?

- 나의 '견물생심' 정도는 얼마나 되나요?

대종사 조각 종이 한 장과 도막 연필 하나며 소소한 노끈 하나라도
함부로 버리지 아니하시고 아껴 쓰시며,
말씀하시기를
[아무리 흔한 것이라도 아껴 쓸 줄 모르는 사람은 빈천보를 받나니,
물이 세상에 흔한 것이나 까닭 없이 함부로 쓰는 사람은
후생에 물 귀한 곳에 몸을 받아 물 곤란을 보게 되는 과보가 있나니라.]

『대종경』「실시품」18장

아무리 흔한 것이라도 | 풀이 |

대종사 조각 종이 한 장과 도막 연필 하나며 소소한 노끈 하나라도
함부로 버리지 아니하시고 아껴 쓰시며,

'조각 종이 한 장', '도막 연필 하나', '소소한 노끈 하나'는 흔합니다.
흔하고 소소해서 '함부로 버리기' 쉬운 것들입니다.
그런데 소태산 대종사님은 '함부로 버리지 아니하'셨습니다.
물건 하나하나의 가치와 그 물건을 대하는 태도가 남다르셨던 것입니다.
대종사님에게 우주 만물은 모두 존귀한 '은혜'입니다.
'없어서는 살지 못할 관계'-「정전」「천지은」를 맺고 있는 은혜의 존재들이기 때문입니다.
만물을 은혜로 보고 부처로 대하는 대종사님의 마음가짐과 가치관에서
소소한 것도 '함부로 버리지 아니하'는 삶의 태도와 방식이 우러나온 것입니다.

말씀하시기를
[아무리 흔한 것이라도 아껴 쓸 줄 모르는 사람은 빈천보를 받나니,

진리를 깨달으신 대종사님 관점에선 세상에 '흔한 것'은 없습니다.
'만유가 한 체성'임을 깨달으시고 그렇게 느끼시기 때문입니다.
'처처불상處處佛像'의 표어를 주창하신 데서도 알 수 있습니다.
'저 지푸라기 하나까지도 백억 화신을 내어 갖은 조화와 능력을 발휘하나니라'-「천도품」
15장 라고 하셨듯이 모든 존재를 진리의 백억 화신불化身佛로 보십니다.

또한 대종사님은 '인과보응의 이치'를 깨달아 이를 신앙의 원리로 삼으시고
모든 심신작용을 하는데 이 이치를 제1의 기준으로 삼으십니다.
대종사님의 심신작용 모두가 이 원리에 바탕해 있고 가르침도 그렇습니다.

인과의 법칙에 누구도 예외는 없습니다.
『정전』「참회문」에서 '음양 상승陰陽相勝의 도를 따라 선행자는 후일에 상생相生의 과보를 받고 악행자는 후일에 상극相克의 과보를 받는 것이 호리도 틀림이 없'다고 하신 바와 같습니다.
대종사님 역시 인과의 이치를 고려해서 법문과 같이 심신작용을 하신 것입니다.

물이 세상에 흔한 것이나 까닭 없이 함부로 쓰는 사람은
후생에 물 귀한 곳에 몸을 받아 물 곤란을 보게 되는 과보가 있나니라.]

"우주의 진리는 원래 생멸이 없이 길이 길이 돌고 도는지라, 가는 것이 곧 오는 것이 되고 오는 것이 곧 가는 것이 되며, 주는 사람이 곧 받는 사람이 되고 받는 사람이 곧 주는 사람이 되나니, 이것이 만고에 변함 없는 상도常道니라."-「인과품」1장
대종사님은 인과의 이치를 이렇게 매우 간명하게 설하셨습니다.
이 이치에 따라 '마음 한 번 가지고 몸 한 번 행동하고 말 한 번 한 것이라도 그 업인業因이 허공 법계에 심어져서, 제 각기 선악의 연緣을 따라 지은대로 과보가 나타나나니, 어찌 사람을 속이고 하늘을 속이리요.'-「인과품」3장 라는 가르침이 이어집니다.
'까닭 없이 함부로 쓰는 사람'은 인과의 이치를 모르는 사람이고
자신의 심신작용이 어떤 과보를 불러올지를 모르는 사람입니다.
진리적 안목이 없기 때문에 '흔한 것'을 '함부로 쓰는' 것입니다.
인과의 이치에 의하면 자신도 '흔한 것'으로 취급 받을 것이고,
자신도 누군가로부터 '함부로' 쓰이게 될 것입니다.
자신이 '지은대로 과보가 나타남'을 철저하게 깨닫든지 믿어야 합니다.
그래야 관점이 달라지고 삶의 태도와 방식이 진리에 맞게 변화합니다.

우주 만물이 모두 다 부처라는 깨달음과 마음가짐으로 살고,
인과의 이치를 오롯이 삶에 활용하면서 살아야 진리적으로 잘 살 수 있습니다.
그래야 과보를 두려워하지 않고 당당하고 편안하고 행복한 삶을 살 수 있습니다.
우리 모두 '소소한' 물건 하나가 결코 소소한 것이 아님을 깨달아야겠습니다.

나의 마음공부

- 나는 평소에 '조각 종이 한 장', '도막 연필 하나', '소소한 노끈 하나'를 어떻게 대하고 있나요? '함부로 버리지'는 않나요?

- 이런 것 외에 내가 '흔한 것'이라고 여겨서 '함부로 버리'는 것은 무엇인가요?

- 무언가를 '함부로 버리'는 마음의 깊은 곳까지 성찰해봅니다.

- 내 삶의 방식과 습관들을 되돌아보고 나의 '후생'과 '과보'를 짐작해봅니다.

대종사 일이 없으실 때에는
앞으로 있을 일의 기틀을 먼저 보시므로
일을 당하여 군색함이 없으시고,
비록 폐물이라도 그 사용할 데를 생각하사
함부로 버리지 아니하시므로
폐물이 도리어 성한 물건같이 이용되는 수가 많으니라.

『대종경』「실시품」 19장

- **기틀** : 어떤 일의 가장 중요한 계기나 조건.
- **군색窘塞하다** : 필요한 것이 없거나 모자라서 딱하고 옹색하다. 자연스럽거나 떳떳하지 못하고 거북하다.
- **함부로** : 조심하거나 깊이 생각하지 아니하고 마음 내키는 대로 마구.

함부로 버리지 아니하시므로 | 풀이 |

대종사 일이 없으실 때에는
앞으로 있을 일의 기틀을 먼저 보시므로

소태산 대종사님은 『정전』「법위등급」에서 '대각여래위'의 심법에 대해
'동하여도 분별에 착이 없고 정하여도 분별이 절도에 맞는 사람의 위니라.' 라고
설하셨습니다.
'동動하여도'를 '육근이 유사하면' -「무시선법」으로, 일이 있을 때라고 본다면,
'정靜하여도'는 '육근이 무사하면' -「무시선법」으로, 일이 없을 때라고 볼 수 있습니다.
적극적으로 심신작용을 할 때와 하지 않을 때라고 할 수도 있습니다.

'일이 없으실 때' 적극적인 일을 하지 않지만 정적으로 '일의 기틀'을 보신 것입니다.
'응용하기 전에 응용의 형세를 보아 미리 연마하기를 주의할 것이요'라는
「상시 응용 주의 사항」 2조의 내용대로 실천하신 셈입니다.
외면적으로는 '정'한 상태이지만 내면적으로는 '미리 연마'하는 심신작용을 하신
셈입니다.

일을 당하여 군색함이 없으시고,

'일이 없으실 때'에 마음공부를 온전하게 하셨기 때문에 가능한 경지입니다.
누군가 '일을 당하여 군색함이' 있다면 '일을 당하기 전'의 공부가 부족한 탓입니다.
이 또한 인과의 이치에 부합하는 것입니다.
삼학 수행으로 보자면 정신수양, 사리연구가 이미 충분히 되었기에
'일을 당하여' 하는 작업취사에 '군색함'이 없었던 것입니다.

비록 폐물이라도 그 사용할 데를 생각하사

함부로 버리지 아니하시므로

폐물이 도리어 성한 물건같이 이용되는 수가 많으니라.

대종사님께서 평소에 이렇게 생활 속에서 마음공부를 하셨기에
'폐물'이라도 '성한 물건같이 이용되는 수'가 많았던 것입니다.
'그 사용할 데를 생각'하는 원만한 사고 능력이 있었기에 가능한 일입니다.
편협한 관점, 단촉한 생각으로 사물을 대하면
'사용할 데'를 생각하지 못하고 '쓸데없다'라고 여기기 쉽습니다.

나의 마음공부

- 나는 '일이 없을 때' 주로 무엇을 하나요?

- 어떻게 하면 '일의 기틀'을 볼 수 있을까요?

- 나는 '일을 당해서 군색'한 경험을 얼마나 자주 하는 편인가요?

- 무언가를 '함부로 버리'는 마음을 깊이 보고 있나요?

- 나는 '폐물'도 '성한 물건같이 이용'하는 편인가요?

대종사 매양 의식이나 거처에 분수 밖의 사치를 경계하시며, 말씀하시기를
[사람이 분수 밖의 의·식·주를 취하다가
스스로 패가망신을 하는 수도 있으며,
설사 재산이 넉넉하더라도 사치를 일삼으면
결국은 삿된 마음이 치성하여 수도하는 정신을 방해하나니,
그러므로 공부인들은
의식 거처 등에 항상 담박과 질소를 위주하여야 하나니라.]

『대종경』「실시품」 20장

- **분수 分數** : 사물을 분별하는 지혜. 자기 신분에 맞는 한도. 사람으로서 일정하게 이를 수 있는 한계.
- **패가망신 敗家亡身** : 집안의 재산을 다 써 없애고 몸을 망침.
- **담박 淡泊하다** : 욕심이 없고 마음이 깨끗하다. 아무 맛이 없이 싱겁다. 음식이 느끼하지 않고 산뜻하다.
- **질소 質素하다** : 꾸밈이 없고 수수하다.

담박淡泊과 질소質素 　| 풀이 |

대종사 매양 의식이나 거처에 분수 밖의 사치를 경계하시며,
말씀하시기를

소태산 대종사님이 보시기에 우리들이 수용하는 모든 것들은
소중한 '은혜'입니다.
낭비를 해도 되는 나의 소유물이나 전유물이 아닙니다.
천지은·부모은·동포은·법률은의 공물이니 씀씀이를 존절히 할 수밖에 없습니다.
대종사님 스스로 그 모범을 보이시고 제자들에게도 가르침을 주십니다.

[사람이 분수 밖의 의·식·주를 취하다가
스스로 패가망신을 하는 수도 있으며,

사람이 자신의 분수分數를 안다는 것은 매우 중요합니다.
자신의 능력이나 처지, 상황 등을 객관적으로 평가할 수 있어야 합니다.
그래야 자신이 누릴 수 있는 의·식·주의 적절한 수준을 가늠할 수 있습니다.
수행인이라면 당연히 자기 분수를 정확히 알아야 합니다.
'분수 밖의 의·식·주를 취하다가 스스로 패가망신을 하는' 사람은
공부인, 수행인으로서의 기본이 안 된 사람입니다.

설사 재산이 넉넉하더라도 사치를 일삼으면
결국은 삿된 마음이 치성하여 수도하는 정신을 방해하나니,

'사치를 일삼'는 사람은 욕심에 물든 사람입니다.
참으로 수도하는 사람이라면 사치를 할 이유가 없습니다.

인과의 이치로 보더라도 복을 감하는 일이고 빚을 지는 일이기 때문이며,
온전한 마음이 물욕으로 물들었으니 '수도'와 멀어질 수밖에 없습니다.

「실시품」18장에서 배운 바와 같이
대종사님은 '조각 종이 한 장과 도막 연필 하나며 소소한 노끈 하나라도 함부로 버리지 아니하시고 아껴 쓰시'는 분입니다.
'아무리 흔한 것이라도 아껴 쓸 줄 모르는 사람은 빈천보를 받나니, 물이 세상에 흔한 것이나 까닭없이 함부로 쓰는 사람은 후생에 물 귀한 곳에 몸을 받아 물 곤란을 보게 되는 과보가 있나니라.'라고까지 절약을 강조하셨습니다.

그러므로 공부인들은
의식 거처 등에 항상 담박과 질소를 위주하여야 하나니라.]

사람의 행동을 보면 그 마음을 알 수 있습니다.
사치하는 삶을 살면서 공부인이라고 할 수는 없습니다.
마음이 이미 바른길을 벗어난 것입니다.

물질이 개벽되어 과소비가 촉진되는 세태입니다.
사람이 소비의 주체가 아니라 탐욕의 노예가 되고 있습니다.
이런 때일수록 공부인들이 '담박'하고 '질소'한 삶의 태도로
정신개벽에 앞장서는 삶을 살아야겠습니다.

나의 마음공부

- 나는 어느 정도의 의·식·주를 취하고 있나요?

- 나는 나의 '분수'에 맞는 의·식·주를 취하고 있나요?

- 어떻게 해야 '담박과 질소를 위주'한 의·식·주가 될까요?

- 나는 '삿된 마음이 치성하여 수도하는 정신을 방해'하는 것을 잘 알아차리고 있나요?

대종사 몇 제자와 함께 총부 정문 밖에 나오시매,
어린이 몇이 놀고 있다가 다 절을 하되
가장 어린아이 하나가 절을 아니 하는지라,
대종사 그 아이를 어루만지시며 [네가 절을 하면 과자를 주리라.] 하시니,
그 아이가 절을 하거늘, 대종사 웃으신 후 무심히 한참동안 걸으시다가,
문득 말씀하시기를
[그대들은 잠간 기다리라. 내가 볼 일 하나를 잊었노라.] 하시고,
다시 조실로 들어가시어 과자를 가져다가 그 아이에게 주신 후 가시니,
대종사께서 비록 사소한 일이라도 항상 신을 지키심이 대개 이러하시니라.

『대종경』「실시품」 21장

네가 절을 하면 과자를 주리라 | 풀이 |

대종사 몇 제자와 함께 총부 정문 밖에 나오시매,
어린이 몇이 놀고 있다가 다 절을 하되
가장 어린아이 하나가 절을 아니 하는지라,
대종사 그 아이를 어루만지시며 [네가 절을 하면 과자를 주리라.] 하시니,
그 아이가 절을 하거늘,

소태산 대종사님께서 인사를 하지 않는 어린아이를 보시고는
어린아이에게 예의를 가르치고 좋은 습관을 들이도록 하신 장면입니다.
아이에게 절을 하면 과자를 주겠다고 작은 보상을 약속하십니다.
그 말씀 때문인지 아이가 대종사님께 절을 합니다.
여기까지는 어떤 어른에게도 있을 법한 사례입니다.

대종사 웃으신 후 무심히 한참동안 걸으시다가,
문득 말씀하시기를
[그대들은 잠간 기다리라. 내가 볼 일 하나를 잊었노라.] 하시고,

대종사님께서 당신의 '무심', '무념'을 챙기시는 대목입니다.
'네가 절을 하면 과자를 주리라.' 라고 하셨는데 과자 주기를 깜박 잊으신 것이죠.
'내가 볼 일 하나를 잊었노라' 라고 자신의 무념을 명확히 인정하십니다.

다시 조실로 들어가시어 과자를 가져다가 그 아이에게 주신 후 가시니,
대종사께서 비록 사소한 일이라도 항상 신을 지키심이 대개 이러하시니라.

사실 가던 길을 되돌아가서 어린아이와 한 약속을 지키기가 쉽지 않습니다.

일단 볼일을 보고 와서 약속을 지키려고 하기가 쉬울 것입니다.
하지만 대종사님은 아이와의 약속을 지키기 위해 나선 길을 되돌아가셨습니다.
약속대로 '과자를 가져다가 그 아이에게 주신' 것입니다. 말은 쉽지만 실행은 어렵습니다.
신信, 신信義는 말한 대로 실행해야 지켜집니다.
약속은 쉽지만 그 약속을 지키는 것은 어렵습니다.

대종사님께서는 어린아이와 약속을 지키려고 정성을 다했습니다.
약속이 '신信'이라면 그 약속을 지키기 위한 노력은 '성誠'이라고 할 수 있습니다.
처처불성 사사불공의 가르침을 생활 속에서 실제로 행해서 보여주셨습니다.
흔히 일을 사소한 일과 큰일로 분별하곤 하지만 처처불상 사사불공의 관점에선
세상에 '사소한 일'은 없습니다. 어린아이와의 약속 역시 사소한 일은 아닙니다.

더구나 약속을 지키는 사람의 마음 씀씀이로 보자면 더욱 그렇습니다.
'큰일'에 대한 약속을 지키는 것도 하나의 마음 씀씀이요,
'사소한 일'로 보이는 일에 대한 약속을 지키는 것도 한 건의 마음 씀씀이입니다.
만약에 '사소한 일'에 대한 약속을 소홀히 하는 사람이라면
그 사람은 나중에는 '큰일'에도 약속을 소홀히 하는 사람으로 강급할 것입니다.
'신信'이란 통상적으로 어떤 상대방과의 믿음을 의미하지만
깊이 보면 사실은 자신과의 믿음, 신뢰의 문제입니다.
상대방과의 약속은 사실은 자신과의 약속이기도 하기 때문입니다.
따라서 상대방과의 믿음과 신뢰를 자주 저버리는 사람은
결국은 자신이 자신을 믿지 못하는 나약한 삶을 살게 됩니다.
이런 삶의 태도로는 결코 성불의 길을 갈 수 없습니다.
'사소한 일'은 결코 사소한 것이 아닙니다.

대종사님의 심신작용, 마음 씀씀이를 보아 우리 삶을 돌아봐야겠습니다.
신용 있는 사회, 신뢰할만한 세상이 되려면
개인부터 약속을 잘 지키는 삶을 살아야겠습니다.

나의 마음공부

- 나는 약속을 하면 반드시 그 사실을 잊지 않고 기억하나요?

- 나는 약속을 반드시 지키는 '신(信)을 지키는' 사람인가요?

- 누군가와 '신(信)'을 지키지 못했을 때 나는 어떻게 대처하나요?

- 자주 '신(信)'을 지키지 못하는 일이 있다면 그 일은 무엇인가요?

- '사소한 일'을 지키는 것이 나의 신앙과 수행에 어떤 의미를 가질까요?

대종사 병환 중에 계실 때에 한 제자가
[이웃 교도의 가정에 편안히 비기실 의자가 있사오니 가져오겠나이다.]
하고 사뢰었더니,

대종사 말씀하시기를
[그만두라. 그 주인이 지금 집에 있지 아니하거늘
어찌 나의 편안한 것만 생각하여 가져오리요.
아무리 친한 사이라도 부득이한 경우 외에는
본인의 자원이나, 승락 없는 물건을 함부로 청하여다 사용하지 않는 것이 좋으니라.]

『대종경』「실시품」22장

- **비기다** : 비스듬하게 기대다.
- **승락** : 승낙承諾. 청하는 바를 들어줌.

나의 편안한 것만 생각하여 | 풀이 |

대종사 병환 중에 계실 때에 한 제자가
[이웃 교도의 가정에 편안히 비기실 의자가 있사오니 가져오겠나이다.]
하고 사뢰었더니,

소태산 대종사님께서 지방 출장 중 병환이 나신 정황입니다.
편안히 기대 앉아 쉬실 수 있는 의자가 없었던 모양입니다.
스승님을 위해서 제자가 옆집 교도 집의 의자를 가져오려고 합니다.

대종사 말씀하시기를
[그만두라.

별일이 아닌 듯한 데 대종사님께서는 '그만두라'고 거절하십니다.
짧은 시간에 '온전한 생각으로 취사'를 하신 결과입니다.
그 거절을 궁금해할 수 있는 제자에게 그 이유를 설명해주십니다.

그 주인이 지금 집에 있지 아니하거늘
어찌 나의 편안한 것만 생각하여 가져오리요.

이 말씀을 통해서 알 수 있는 것은
대종사님이 불편을 감수하셨다는 것입니다.
불편함을 감수하면서라도 우선해야 할 그 무엇이 있었기 때문입니다.

아무리 친한 사이라도 부득이한 경우 외에는
본인의 자원이나, 승락 없는 물건을 함부로 청하여다 사용하지 않는 것이 좋으니라.]

당신의 편안함보다 빌려주는 사람의 '자원이나 승낙' 을 더 중하게 여기신 것입니다.
'자원이나 승낙' 의 핵심은 물건을 빌려주는 사람의 '마음' 입니다.
대종사님께서는 그 '마음' 을 빠뜨린 채 '함부로 청하여다 사용' 하는 행위를
<u>스스로 용납하지 않으신 것입니다.</u>

이 같은 심신작용을 하신 대종사님의 마음가짐을 잘 알 수 있는 법문을 소개합니다.
"오늘은 그대들에게 마음 지키고 몸 두호하는 데에 가장 필요한 방법을 말하여 주리니 잘 들어서 모든 경계에 항상 공부하는 표어를 삼을지어다. 표어란 곧 경외심을 놓지 말라 함이니, 어느 때 어디서 어떠한 사람을 대하거나 어떠한 물건을 대하거나 오직 공경하고 두려워하는 마음을 가지고 대하라 함이니라. 사람이 공경하고 두려워하는 마음을 놓고 보면 아무리 친절하고 사이 없는 부자·형제·부부 사이에도 반드시 불평과 원망이 생기는 것이며, 대수롭지 않은 경계와 하찮은 물건에도 흔히 구속과 피해를 당하나니, 그것은 처지가 무간하고 경계가 가볍다 하여 마음 가운데 공경과 두려움을 놓아 버리고 함부로 행하는 연고라, 가령 어떤 사람이 어느 가게에서 성냥 한 갑을 훔치다가 주인에게 발각되었다면 그 주인이 하찮은 성냥 한 갑이라 하여 그 사람을 그저 돌려 보내겠는가. 극히 후한 사람이라야 꾸짖음에 그칠 것이요, 그렇지 아니하면 모욕을 가할 수도 있을 것이니, 이것은 곧 그 성냥 한 갑이 들어서 그 사람을 꾸짖고 모욕한 것이며, 다시 생각하면 성냥을 취하려는 욕심이 들어서 제가 저를 무시하고 욕보인 것이요, 그 욕심은 성냥 한 갑에 대한 경외심을 놓은 데서 난 것이니, 사람이 만일 경외심을 놓고 보면 그 감각 없고 하찮은 성냥 한 갑도 그만한 권위를 나타내거든, 하물며 그 이상의 물질이며 더구나 만능의 힘을 가진 사람이리요. 그러므로, 우리는 항상 공경하고 두려워하자 함이니, 우리가 무엇이나 공경하고 두려워하는 마음을 가지고 의義로써 살아간다면 위로 창창한 하늘을 우러러보나, 아래로 광막한 대지를 굽어보나, 온 우주에 건설되어있는 모든 물건은 다 나의 이용물이요, 이 세상에 시행되는 모든 법은 다 나의 보호 기관이지마는, 만일 공경과 두려움을 놓아 버리고 함부로 동한다면 우주 안의 모든 물건은 도리어 나를 상해하려는 도구요, 이 세상 모든 법은 도리어 나를 구속하려는 포승이니, 어찌 두렵지 아니하리요. 그러므로, 그대들에게 이르노니, 물결 거센 이 세간에 나타난 그대들로서 마음을 잘 지키고 몸을 잘 두호하려거든 마땅히 이 표어를 마음

에 깊이 새겨 두고 매사를 그대로 진행하라.” - 「인도품」33장

대종사님께서 교도 소유의 의자 하나를 빌려오는 데에도 신중한 처사를 하신 배경에는 늘 '경외심敬畏心'을 놓지 않는 마음가짐과 '어느 때 어디서 어떠한 사람을 대하거나 어떠한 물건을 대하거나 오직 공경하고 두려워하는 마음을 가지고 대하'는 처처불상處處佛像 사사불공事事佛供의 마음가짐이 있었다고 할 수 있습니다.

나의 마음공부

- 내가 이 법문의 대종사님과 같은 경우였다면 어떻게 취사했을까요?

- 나는 혹시 생활하는 가운데 '나의 편안한 것만 생각하여' 무언가를 하는 경우가 얼마나 많나요?

- '나의 편안한 것만 생각하여' 행동할 때 그 사실을 바로 알아차리고 있나요?

• 누군가 내 승낙 없이 내 물건을 사용했을 때 어떻게 행동해야 할까요?

• 나는 '친한 사이'의 인연에게 늘 '경외심'을 가지고 생활하고 있나요?

대종사 편지를 받으시면 매양 친히 보시고 바로 답장을 보내신 후,
보관할 것은 정하게 보관하시고
그렇지 아니한 것은 모아서 정결한 처소에서 태우시며,
말씀하시기를
[편지는 저 사람의 정성이 든 것이라 함부로 두는 것은 예가 아니니라.]

『대종경』「실시품」23장

- **매양** : 매 때마다.

편지는 저 사람의 정성이 든 것이라 | 풀이 |

대종사 편지를 받으시면 매양 친히 보시고 바로 답장을 보내신 후,

이 당시에는 종이에 직접 손으로 쓴 편지를 주고받았습니다.
대종사님께서는 그런 편지를 받으실 때마다 '친히 보시고',
'바로 답장을 보내'셨답니다.
각지에서 온 편지가 많을 때는 제자를 시켜서 요점만 보고받을 수도 있었을 텐데
그렇게 하지 않으시고 '친히' 보시고 답장도 '바로' 보내셨던 것입니다.

편지에는 보낸 사람의 마음이 담겼습니다.
이점을 생각하면 대종사님의 처사를 이해할 수 있습니다.
만약에 대종사님께서 편지를 '친히' 보지 아니하거나,
'바로' 답장을 하지 않으셨다면 편지를 보낸 사람의 마음이 어땠을까요?
아마도 섭섭하거나 답답했을 것입니다.
대종사님께서는 '편지'를 단순히 어떤 정보가 담긴 종이로 보신 것이 아니라
편지를 보낸 사람의 귀중한 마음 그 자체로 보신 듯합니다.

보관할 것은 정하게 보관하시고
그렇지 아니한 것은 모아서 정결한 처소에서 태우시며,

또한 보관할 경우에도 정결한 곳에 보관하여 '예'를 다하시고
없앨 때도 '정결한 처소'에서 태우는 '예'를 다하십니다.
이 경우에도 마찬가지로 입장을 바꿔서 생각해보면
대종사님이 왜 이렇게 심신작용을 하셨는지 쉽게 이해하고 공감할 수 있습니다.
만약에 누군가에게 직접 손으로 쓴 편지를 보냈는데

더러운 곳에 내 편지가 뒹굴고 있거나 찢어져 버려졌다면 그 마음이 어떨까요?
보낸 사람의 마음이 버려지고 찢어진 듯한 마음이 들 것입니다.

말씀하시기를
[편지는 저 사람의 정성이 든 것이라 함부로 두는 것은 예가 아니니라.]

사람의 '정성'을 대하는 태도를 보여주십니다.
어떻게 하는 것이 상대방의 '정성'에 대한 '예'인지를 몸소 보여주십니다.
그 '예'에서 신앙의 핵심인 '경외심'을 느낄 수 있습니다.

나의 마음공부

- 나는 누군가의 편지를 '친히', 직접 확인하나요?

- 나는 누군가의 편지나 연락에 '바로' 응답을 하나요?

- 내가 받은 편지를 어떻게 보관하나요?

- 나는 받은 편지나 SNS 메시지 등에 대한 '예'를 어떻게 지키고 있나요?

대종사 하루는 한 제자를 크게 꾸짖으시더니
조금 후에 그 제자가 다시 오매 바로 자비하신 성안으로 대하시는지라,
옆에 있던 다른 제자가 그 연유를 묻자오매,
대종사 말씀하시기를
[아까는 그가 끄리고 있는 사심邪心을 부수기 위하여 그러하였고,
이제는 그가 돌이킨 정심正心을 북돋기 위하여 이러하노라.]

『대종경』「실시품」24장

• **연유 緣由** : 사유事由. 무슨 일이 거기에서 비롯됨. 유래由來.

정심正心을 북돋기 위하여 | 풀이 |

대종사 하루는 한 제자를 크게 꾸짖으시더니
조금 후에 그 제자가 다시 오매 바로 자비하신 성안으로 대하시는지라,
옆에 있던 다른 제자가 그 연유를 묻자오매,

소태산 대종사님께서 제자를 크게 꾸짖으시면서 화도 크게 내셨을 것 같습니다.
당연히 냉엄한 태도를 보이셨겠지요.
그런데 잠시 후 그 제자를 대하시면서는 '자비'로운 따뜻한 태도를 보이시니
한 제자가 대종사님의 이런 태도에 의문을 품고 그 이유를 묻습니다.

보통 사람들이라면 누군가를 '크게 꾸짖'고 나면
그에 따르는 감정의 여파가 있기 마련입니다.
이런 통례에 비춰보면 대종사님의 심신작용, 운심처사는 특이해 보일 수 있습니다.
잠깐 사이에 '꾸짖음'이 '자비'로움으로 바뀌었기 때문입니다.
당연히 차갑고 엄한 분위기도 따뜻하고 포용적인 분위기로 바뀌었을 것입니다.
누구나 그 '연유'를 궁금해할 만합니다.

대종사 말씀하시기를
[아까는 그가 끄리고 있는 사심邪心을 부수기 위하여 그러하였고,
이제는 그가 돌이킨 정심正心을 북돋기 위하여 이러하노라.]

여기서 '끄리고'라는 표현은 '끓이고'의 방언으로 보입니다.
어떤 감정에 '끌리다'라고 할 때의 '끌리고'로 볼 수도 있고
둘 다의 의미로 볼 수도 있겠으나,
여기서는 아무래도 '끓이고'의 의미로 해석하는 것이 나은 것 같습니다.

실시품

대종사님이 제자를 '크게 꾸짖은' 이유는 그가 '사심邪心'을 내었기 때문이고
잠시 후에 같은 제자를 '자비하신 성안으로 대하신' 이유는
그 제자가 사심을 제어하고 '돌이킨 정심正心을 북돋기' 위함인 것입니다.
제자의 파사현정破邪顯正을 대종사님께서 도와주시는 모습입니다.

마음공부의 목적은 '마음의 자유'에 있습니다.
『정전』과 『대종경』 곳곳에서 일관되게 강조된 내용입니다.
하지만 마음의 자유를 아무나 누리는 것은 아닙니다.
그만한 신앙과 수행이 밑받침되어야 합니다.
이 법문의 제자는 사심에 사로잡힌 상태였습니다.
마음의 자유, 마음의 힘을 제대로 얻지 못한 제자를 그대로 두면
사심에 끌려서 계속해서 바르지 못한 길을 갈 수 있습니다.
'마음의 자유', '마음의 힘'을 온전히 갖추신 대종사님께서는
제자의 마음 기틀을 보시고 '크게 꾸짖는' 방편을 쓰신 것입니다.

다행히 제자가 '정심正心'을 돌이켜서 돌아오니
그 제자를 '자비하신 성안'으로 맞이하신 것입니다.
그래서 한 번 돌이킨 정심을 계속해서 유지하도록 하시려는 의도입니다.

대종사님은 '인도人道'에 대해서
'사사물물을 접응할 때마다 각각 당연한 길'- 「인도품」1장 이라고 말씀하셨습니다.
사심을 내는 제자를 크게 꾸짖는 것이나, 정심을 돌이킨 제자를 자비로운 성안으로
대하신 것 모두 대종사님으로선 마땅히 해야 할 '당연한 길'을 행하신 것입니다.
자비 방편으로 가르침을 펴시는데 수반되는 감정도 마찬가지입니다.
꾸짖으시면서는 엄하게 화를 내셨을 것이고,
자비로운 성안으로 대하실 때는 밝고 따뜻한 감정을 표하셨을 것입니다.
이런 감정을 표하시는 데도 '도'에 맞게 '자유롭게' 하셨던 것입니다.

"중생은 희·로·애·락에 끌려서 마음을 쓰므로 이로 인하여 자신이나 남이나 해를 많이 보고, 보살은 희·로·애·락에 초월하여 마음을 쓰므로 이로 인하여 자신이나 남이나 해를 보지 아니하며, 부처는 희·로·애·락을 노복같이 부려 쓰므로 이로 인하여 자신이나 남이나 이익을 많이 보나니라." - 「불지품」8장 라는 법문의 실례라고 할 수 있습니다.

대종사님께서는 제자를 미워하거나 좋아하거나 하는 마음을 초월한 자리에서 제자를 꾸짖기도 하고 북돋워 주기도 하신 것입니다.
스승과 제자 사이의 이런 이심전심의 가르침과 배움의 과정을 통해서 제자가 성장하고 진급하게 됩니다.

'대자 대비로 일체 생령을 제도하되 만능萬能이 겸비하며, 천만 방편으로 수기 응변隨機應變하여 교화하되 대의에 어긋남이 없고 교화 받는 사람으로서 그 방편을 알지 못하게 하며, 동하여도 분별에 착이 없고 정하여도 분별이 절도에 맞는 사람의 위니라.'
라는 「법위등급」 '대각여래위'의 심법을 그대로 보여주시는 듯한 법문입니다.

나의 마음공부

• 나는 상대방이 '사심邪心'을 끓이고 있는 것을 잘 알 수 있나요?

• 나는 상대방이 '정심正心'을 돌이키고 있는 것을 잘 알 수 있나요?

• 나는 사심을 끓이는 사람을 어떻게 대하나요?

- 나는 내 사심을 정심으로 잘 돌이킬 수 있나요?

- 나는 내 정심을 어떻게 북돋고 있나요?

양하운梁夏雲 사모께서는 대종사께서 회상을 창립하시기까지
대종사의 사가 일을 전담하사 갖은 수고를 다 하셨으며,
회상 창립 후에도 논과 밭으로 다니시면서 갖은 고역을 다 하시는지라,
일반 교도가 이를 죄송히 생각하여 거교적으로 성금을 모아
그 고역을 면하시도록 하자는 의논이 도는지라,
대종사 들으시고 말씀하시기를
[그 말도 예에는 그럴듯하나 중지하라.
이만한 큰 회상을 창립하는데
그 사람도 직접 나서서 창립의 큰 인물은 못 될지언정
도리어 대중의 도움을 받아서야 되겠는가.
자력이 없어서 할 수 없는 처지라면 모르거니와
자신의 힘으로 살 수 있다면 그것이 떳떳하고 행복한 생활이니라.]

『대종경』「실시품」25장

• 양하운 梁夏雲 : 본명 미상. 법호는 십타원十陀圓. 법훈은 대호법. 1890년 음력 12월 3일 전남 영광군 백수면 홍곡리에서 부친 하련河蓮과 모친 박현제화朴玄濟華의 딸로 출생. 소태산 대종사의 정토, 원불교에서는 대사모大師母라 부른다. 소태산의 구도 당시 뒷바라지는 물론, 3남 1녀의 자녀 양육과 살림살이 등 사가 일을 전담하여 소태산이 오롯이 새 회상 창업에 헌신할 수 있도록 내조하여 원불교 정토正土 제1호가 되었다.

자신의 힘으로 살 수 있다면 | 풀이 |

양하운 梁夏雲 사모께서는 대종사께서 회상을 창립하시기까지
대종사의 사가 일을 전담하사 갖은 수고를 다 하셨으며,
회상 창립 후에도 논과 밭으로 다니시면서 갖은 고역을 다 하시는지라,
일반 교도가 이를 죄송히 생각하여 거교적으로 성금을 모아
그 고역을 면하시도록 하자는 의논이 도는지라,

소태산 대종사님은 15세에 양하운 대사모와 결혼을 하십니다.
20세 때 부친이 열반하자 가세는 급속히 기울어 많은 부채에 시달리게 됩니다.
결혼 후 회상 창립 이후까지 경제적으로 넉넉한 시기는 없었습니다.
양하운 대사모의 고생을 짐작할 수 있습니다.
제자들이 이를 딱하게 여겨 사모의 고생을 덜어보고자 의논을 한 모양입니다.
대종사님을 스승으로 모시는 제자들 입장에서는 십시일반 힘을 모으면
대사모의 고생을 면하게 할 수 있다고 생각한 듯합니다.

대종사 들으시고 말씀하시기를
[그 말도 예에는 그럴듯하나 중지하라.

대종사님은 제자들의 그런 소식을 접하시고 바로 중지하도록 명하십니다.
다만 제자들의 처지에서는 스승에 대한 '예'로서 할만한 의논임을 인정하십니다.
그리고 의논을 중지하라는 말씀에 대한 이유를 설명해주십니다.

이만한 큰 회상을 창립하는데
그 사람도 직접 나서서 창립의 큰 인물은 못 될지언정
도리어 대중의 도움을 받아서야 되겠는가.

대종사님은 '무아봉공無我奉公'-「사대강령」을 교리의 주요 강령으로 삼으셨습니다.
'공도자 숭배'-「사요」 교리를 보더라도 대종사님의 '공公' 중심 사상을 알 수 있습니다.
이 시기는 대종사님께서 대각 이후 '파란고해의 일체 생령을 광대무량한 낙원으로
인도'하기 위해 '완전무결한 큰 회상' 건설에 매진할 때입니다.
제자들은 피우던 담배와 마시던 술을 끊어서 회상 창립의 기초를 다지고,
바다를 막아 농지를 개간하면서 각고의 노력을 기울일 때입니다.
하지만 대종사님은 교단의 이런 어려운 경제적 사정만을 생각해서가 아니라
당신의 정토淨土(배우자)가 '창립의 큰 인물'이 되기를 바랐습니다.
양하운 사모의 고생이 마땅히 해야 할 고생이고 값진 고생이라고 여기셨던 것입니다.
오히려 '공公'에 더욱 기여하는 공도자로서의 삶을 살기를 원했습니다.

자력이 없어서 할 수 없는 처지라면 모르거니와
자신의 힘으로 살 수 있다면 그것이 떳떳하고 행복한 생활이니라.]

공도자로서의 삶을 판단의 기준으로 삼음과 동시에
'자력양성'의 정신을 취사의 기준으로 삼아주십니다.
'공도자 숭배', '자력 양성'은 신앙의 강령인 '사은 사요' 중 '사요'의 골간입니다.
대종사님 입장에서는 이 세상의 누구에게도 권장할 교리 정신인 것이니
당신의 배우자라고 해서 예외는 아니었던 것입니다.

대종사 본인도 평생을 근검절약하며 교리 정신대로 살았으니
친근자에 대한 예외를 말할 이유가 없습니다.
그렇게 공도에 헌신하고 보은하는 삶이
'떳떳한' 인생의 길인 것이고 결국 영생의 복락을 장만하는 길이기 때문입니다.
대종사님의 배우자에 대한 태도는 모든 사람에 대한 태도와 다를 것이 없습니다.
자신을 포함해서 모든 사람들이 가야할 길로 안내하신 것입니다.

나의 마음공부

• 양하운 대사모님이 대종사님의 '사가 일을 전담'한 이유와 목적은 무엇일까요?

• 나는 소태산 대종사님의 '큰 회상' 창립에 어떤 기여를 하고 있나요?

• 나는 양하운 대사모처럼 '갖은 고역'을 하며 무아봉공할 수 있나요?

• 나는 우리 '큰 회상' 창립을 위해 어떤 노력을 할 계획인가요?

이 청춘이 돼지 자웅의 노는 것을 보다가 마음에 깊이 깨친 바 있어
세간 향락을 청산하고 도문에 들어와 수도에 힘쓰던 중,
자기의 소유 토지 전부를 이 회상에 바치려 하는지라,

대종사 말씀하시기를
[그대의 뜻은 심히 아름다우나 사람의 마음이란 처음과 끝이 같지 아니할 수 있으니,
더 신중히 생각하여 보라.] 하시고 여러 번 거절하시니,
청춘은 한번 결정한 마음에 변동이 없을 뿐 아니라
대종사의 여러 번 거절하심에 더욱 감동하여 받아 주시기를 굳이 원하거늘,
대종사 드디어 허락하시며
[덕을 쓸진대 천지같이 상相 없는 대덕을 써서
영원히 그 공덕이 멸하지 않도록 하라.]

『대종경』「실시품」26장

여러 번 거절하심 | 풀이 |

이 청춘이 돼지 자웅의 노는 것을 보다가 마음에 깊이 깨친 바 있어
세간 향락을 청산하고 도문에 들어와 수도에 힘쓰던 중,
자기의 소유 토지 전부를 이 회상에 바치려 하는지라,

제자 이청춘이 발심하여 정성스럽게 공부를 하다가 희사심이 나서
가지고 있던 토지 전부를 교단에 희사하고자 하는 장면입니다.
그런데 대종사님은 선뜻 응하지 않으십니다.

대종사 말씀하시기를
[그대의 뜻은 심히 아름다우나 사람의 마음이란 처음과 끝이 같지 아니할 수 있으니,
더 신중히 생각하여 보라.] 하시고 여러 번 거절하시니,

대종사님은 제자의 희사 의사를 높이 평가하면서도 거절을 거듭하십니다.
'토지'라는 물건이 아니라 제자의 '마음'을 더 깊이 보신 까닭입니다.
아름다운 선행이고 보은행이지만 공부가 깊지 못하면
제자의 마음이 '처음과 끝이 같지 아니할 수 있'다고 보셨기 때문입니다.
자신이 아끼는 재산을 교단에 희사한다는 것은 결코 쉬운 일이 아닙니다.
자칫하면 일시적 결정으로 취사를 한 다음에 나중에 후회를 할 수도 있고,
혹시나 뭔가 바라는 것이 있다면 나중에 원망할 일이 발생할 수도 있습니다.
해생어은害生於恩이 될 수 있기 때문입니다.
아마 제자의 공부 실력이 법강항마위 정도에 이르렀다면
대종사님께서 이렇게 '여러 번 거절'하지 않으셨을 것입니다.
인과보응의 이치를 깨우치고 온전한 생각으로 취사할 수 있기 때문입니다.
제자 이청춘의 경우에는 그렇지 않았기에 더 깊은 생각을 하도록 하신 듯합니다.

청춘은 한번 결정한 마음에 변동이 없을 뿐 아니라
대종사의 여러 번 거절하심에 더욱 감동하여 받아 주시기를 굳이 원하거늘,

대종사님 입장에서는 온전한 생각으로 취사할 수 있도록 여러 번 거절을 했건만,
제자는 오히려 대종사님의 그런 취사에서 더 큰 '감동'을 받았으니,
스승과 제자의 마음이 서로 하나로 만난 셈입니다.

대종사 드디어 허락하시며
[덕을 쓸진대 천지같이 상相 없는 대덕을 써서
영원히 그 공덕이 멸하지 않도록 하라.]

제자의 희사를 받아주시며 '천지같이 상相 없는 대덕'을 쓰라는 가르침을 주십니다.
대종사님은 『정전』「천지은」'천지보은의 조목' 8조에서
"천지의 응용 무념應用無念한 도를 체받아서 동정간 무념의 도를 양성할 것이며, 정신·육신·물질로 은혜를 베푼 후 그 관념과 상相을 없이 할 것이며, 혹 저 피은자가 배은 망덕을 하더라도 전에 은혜 베풀었다는 일로 인하여 더 미워하고 원수를 맺지 아니할 것이니라."라고 설하신 바 있습니다.
'천지 같이 상 없는 대덕'을 쓰라는 말씀은 이 법문에서 비롯된 듯합니다.
제자의 희사를 수용하면서 속 깊은 마음공부로 이끌어주십니다.
진정한 복락의 길로 안내해주십니다.

나의 마음공부

• 내가 만약 대종사님 입장이었다면 '여러 번 거절' 했을까요?

• 나는 교단이나 공익을 위해 제자 이청춘처럼 재산을 희사할 수 있나요?

• 어떤 마음을 내었으나 '처음과 끝이 같지 아니' 해서 곤란했던 경험이 있나요?

• 나는 '천지같이 상相 없는 대덕'을 쓰고 있나요?

대종사 마령 교당에 가시니 오송암吳松庵이 와서 뵈옵고 말하되
[저의 여식 종순宗順 종태宗泰가 입교한 후로
출가出嫁를 거절하는 것이 제 뜻에는 맞지 아니하오나,
그들의 뜻을 굽히지 못하여 그대로 두오니,
그 장래 전정을 책임져 주소서.] 하거늘,

대종사 말씀하시기를
[나의 법은 과거 불교와 달라서 결혼 생활을 법으로 금하지는 아니하나,
그와 같이 특별한 서원 아래
순결한 몸과 마음으로 공부 사업하겠다는 사람들에게
어찌 범연할 수야 있겠는가.
그러나, 그들의 장래는 부모나 스승에게보다 그들의 마음에 더 달려있다니,
최후 책임은 그들에게 맡기고
그대나 나는 정성을 다하여 지도만 하여 보자.] 하시니,
송암이 일어나 절하고 두 딸의 전무출신을 흔연히 승낙하니라.

『대종경』「실시품」27장

- **전무출신 專務出身** : 원불교 교단을 위해 몸과 마음을 다 바쳐 헌신 노력하는 사람을 가리키는 용어. 원불교의 출가 교역자를 총칭하는 개념인 '전무출신'은 원불교의 개교 초기부터 사용한 '전무주력자專務主力者', '전무노력자專務努力者'라는 용어에서 유래하여 '전무출신'이라는 개념으로 발전되었다. 그 의미는 '오롯이 공도에 힘써 일하기 위해 원불교에 출가하여 헌신한다.'는 의미이다. 『원불교교헌』에는 "출가교도로서 교규의 정한 바에 따라 본교에 공헌한 이를 전무출신이라 한다"(제3장), "출가교도로서 정신과 육신을 오로지 본교에 공헌한 자를 전무출신이라 한다"(「전무출신규정」제2조) 라고 명시하고 있다.

정성을 다하여 지도만 하여 보자 | 풀이 |

대종사 마령 교당에 가시니 오송암吳松庵이 와서 뵈옵고 말하되
[저의 여식 종순宗順 종태宗泰가 입교한 후로
출가出嫁를 거절하는 것이 제 뜻에는 맞지 아니하오나,
그들의 뜻을 굽히지 못하여 그대로 두오니,
그 장래 전정을 책임져 주소서.] 하거늘,

오송암의 두 딸이 교단에 들어와 생활하면서 결혼을 하지 않으니
아버지 입장에서는 걱정되는 바가 많았나 봅니다.
유교적 전통이 강했던 당시의 세태를 감안하면 충분히 공감이 됩니다.
두 딸의 앞날을 책임져달라는 부친의 부탁을 듣고 대종사님께서 응답하십니다.

대종사 말씀하시기를
[나의 법은 과거 불교와 달라서 결혼 생활을 법으로 금하지는 아니하나,

대종사님은 우선 교단의 제도를 알려주십니다.
결혼 생활을 법으로 금하지 않고 있다는 사실을 알려주어 오해를 방지하십니다.

그와 같이 특별한 서원 아래
순결한 몸과 마음으로 공부 사업하겠다는 사람들에게
어찌 범연할 수야 있겠는가.

본인들이 자의에 의해 독신으로 공부와 사업에 전념하고자 하니
교단을 책임지는 대종사님으로선 관심을 두지 않을 수 없다는 뜻을 표하십니다.
오송암의 걱정에 대한 화답인 셈입니다.

그러나, 그들의 장래는 부모나 스승에게보다 그들의 마음에 더 달려 있나니,
최후 책임은 그들에게 맡기고
그대나 나는 정성을 다하여 지도만 하여 보자.] 하시니,

결국 독신을 유지하는 등의 장래 일은 본인에 달렸음을 주지시켜주십니다.
대종사나 부친 오송암이나 당사자가 아님을 분명히 하십니다.
대종사님은 지도의 책임을 진 종교지도자로서 최선을 다하고,
부친은 가장으로서 지도의 책임을 다하자는 매우 사실적인 응답을 하십니다.
요컨대, 부친의 우려에도 공감하고 두 사람의 의지도 존중하며
대종사님과 부친이 할 수 있는 현실적이고 합리적인 방안으로 응답하십니다.

송암이 일어나 절하고 두 딸의 전무출신을 흔연히 승낙하니라.

오송암은 매우 합리적이고 사실적인 대종사님의 응답에 믿음이 갔던 모양입니다.
두 딸의 전무출신 서원을 승낙합니다.
출가한 제자들의 인생에 대해 책임을 다하려는 종교의 최고지도자로서의
대종사님의 자세와 심신작용을 배울 수 있는 법문입니다.

참고로 전무출신 제도는 시대를 따라 조금씩 변화하고 있는데
현재 원불교의 「전무출신규정」의 주요 내용은 다음과 같습니다.

제1조(목적) 이 규정은 「원불교교헌」 제18조에 의거하여 전무출신에 관한 사항을
규정함으로써 성직을 원만하게 수행할 수 있도록 하기 위함을 목적으로 한다.
(개정 105.01.07)
제2조(정의) 전무출신이란 출가교도로서 정신과 육신을 오로지 교단에 공헌하는 자를
말한다.
제2조의2(호칭) 전무출신은 교무라 칭한다.(신설 105.01.07)
제3조(정신) 전무출신의 정신은 다음과 같다.

1. 시방세계 육도사생의 전 생명이 자신의 생명이요, 전체의 행복이 자신의 행복으로 안다.
2. 교단과 인류와 생령을 위하여 남김없이 심신을 바친다.
3. 삼학팔조와 사은사요를 몸소 실천하여 전 인류에게 전하여 줄 천직을 부여 받았다.
4. 진리와 법과 공을 위하여는 신명을 다한다.
5. 오직 신심과 공심과 공부심과 자비심으로 충만된 삶으로 산다.

이어서 '자세'와 '직종', '교육 훈련', '지원 자격' 등을 정하고 있습니다.

나의 마음공부

• 내가 오송암의 입장이라면 대종사님에게 어떤 요청을 했을까요?

• 내가 대종사님 입장이라면 오송암의 요청에 어떻게 대응했을까요?

• 전무출신 제도가 필요한 이유는 무엇일까요?

• 내 삶과 전무출신의 삶은 어떻게 다르거나 같을까요?

대종사 부산에 가시니 임 칠보화林七寶華가 와서 뵈옵고
[저의 집에 일차 왕림하여 주소서.] 하거늘,
대종사 말씀하시기를
[그대는 신심이 지극하나 그대의 부군은 아직 외인이라 가히 양해를 하겠는가.]
하시니, 칠보화 사뢰기를
[제가 남편에게 대종사 공양의 뜻을 말하옵고 생각이 어떠냐고 물었삽더니
그가 말하기를 "내 아직 실행이 철저하지 못하여 입교는 아니하였으나
그런 어른이 와 주신다면 우리 집안의 영광이 되겠다"고 하더이다.]
대종사 그 숙연宿緣을 짐작하시고 흔연히 그 청에 응하시니라.

『대종경』「실시품」 28장

· **양해 諒解** : 남의 사정을 잘 헤아려 너그러이 받아들임.

양해를 하겠는가 | 풀이 |

대종사 부산에 가시니 임칠보화林七寶華가 와서 뵈옵고
[저의 집에 일차 왕림하여 주소서.] 하거늘,
대종사 말씀하시기를
[그대는 신심이 지극하나 그대의 부군은 아직 외인이라 가히 양해를 하겠는가.]
하시니,

소태산 대종사님의 용심법, 심신작용은 매우 신중하십니다.
「실시품」22장에서 병환으로 편찮으신데도 의자를 빌리기에 앞서
주인의 부재로 허락을 받을 수 없자 의자 빌리기를 포기하신 데서도 알 수 있습니다.
상대와 관계된 처사를 하실 때 반드시 상대방의 마음을 중하게 생각하십니다.
여기서도 교도의 방문 요청을 받으시고 선뜻 응락하시지 않습니다.
아직 신심이 없는 교도 남편의 '양해' 여부부터 확인하십니다.
가정 방문의 일이니 부부 모두의 요청과 승낙이 필요합니다.
자칫해서 교도의 말만 듣고 방문을 한다면 교도 남편의 마음을 불편하게 할 수 있고
그로 인해 예기치 못한 일이 생길 수도 있습니다.
남편이 무시 받았다고 여겨서 가정 불화가 일어날 수 있고,
나아가 대종사님과의 관계까지 어긋나서 법연이 멀어질 수도 있을 것입니다.
작은 무념이 여러 가지 문제를 파생시킬 수 있습니다.

칠보화 사뢰기를
[제가 남편에게 대종사 공양의 뜻을 말하옵고 생각이 어떠냐고 물었삽더니
그가 말하기를 "내 아직 실행이 철저하지 못하여 입교는 아니하였으나
그런 어른이 와 주신다면 우리 집안의 영광이 되겠다"고 하더이다.]
대종사 그 숙연宿緣을 짐작하시고 흔연히 그 청에 응하시니라.

결국 교도가 남편의 의사를 물어서 환영의 뜻을 확인한 다음에야
대종사님께서 교도의 가정 방문 요청에 응하십니다.
'우리는 어느 때 어느 곳이든지 항상 경외심을 놓지 말고 존엄하신 부처님을 대하는
청정한 마음과 경건한 태도로 천만 사물에 응할 것'-「교의품」4장 이라고 하신
'처처불상處處佛像', '사사불공事事佛供'의 가르침을 몸소 실행해 보여주십니다.
'응용하는데 온전한 생각으로 취사'하는 공부를 실지로 보여주십니다.

원불교의 수행은 '마음공부', '마음 사용하는 법'으로 대표되곤 합니다.
간단한 표현이시만 그 용례는 셀 수 없을 정도로 많을 수밖에 없습니다.
천만 경계에 응해서 수많은 사람들이 각자의 방식대로 심신작용을 하기 때문입니다.
그 많은 심신작용 중에 어느 것이 진리에 부합하는지를 가리기가 쉽지 않습니다.
이런 때 대각여래위 스승님의 심신작용, 육근동작, 운심처사를 참고하는 것은
마음공부에 매우 요긴합니다.

나의 마음공부

- 내가 만약 대종사님과 같은 경우였다면 어떻게 했을까요?

- 대종사님의 심신작용이 지나치게 신중한 것은 아닐까요?

- 대종사님께서 교도의 방문 요청에 선뜻 수락하지 않은 이유는 무엇일까요?

- 나는 상대방의 '양해'가 필요한 경우 반드시 그 양해를 구한 뒤 그다음 일을 진행하나요?

한 사람이 와서 제자 되기를 원하는지라,
대종사 말씀하시기를
[다음 날 한두 번 다시 와 보고 함이 어떠하냐.] 하시니,
그 사람이 말하기를 [제 뜻이 이미 견고하오니 곧 허락하여 주옵소서.] 하거늘,
대종사 한참 동안 생각하시다가 그 법명을 일지ᄇᄎ라고 내리시더니
그 사람이 물러나와 대중에게 말하기를
[우리가 무슨 인연으로 이렇게 동문 제자가 되었느냐.]고 하며,
자기에게 좋은 환약이 있으니 의심하지 말고 사서 쓰라 하였으나
대중이 사지 아니하매, 일지 노기를 띠며
[동지의 정의가 어찌 이럴 수 있느냐.] 하고 해가 지기 전에 가버리니라.

『대종경』「실시품」29장

다시 와 보고 함이 어떠하냐 | 풀이 |

한 사람이 와서 제자 되기를 원하는지라,
대종사 말씀하시기를
[다음 날 한두 번 다시 와 보고 함이 어떠하냐.] 하시니,

인생이란 끝없는 취사선택의 연속입니다.
크고 작은 선택과 취사를 해야 생활이 가능합니다.
특히 종교를 선택하는 일은 인생의 중대사라고 할만합니다.
선택에도 신중해야 하고 일단 선택했으면 신앙과 수행에 정성을 다해야 합니다.
소태산 대종사님은 특히 종교의 선택에 대해 신중한 태도를 보여주십니다.
누군가에게 쉽게 종교 선택을 권유하는 모습을 찾아보기 어렵습니다.

'열 사람의 법을 응하여 제일 좋은 법으로 믿을 것이요' - 「솔성요론」2조 라는 가르침과
같이 신중한 비교와 선택을 권하시고,
'진리적 종교의 신앙과 사실적 도덕의 훈련' - 「개교의 동기」 과 같은 실질적 기준을
제시하기도 하십니다.
어려운 시기에 각고의 노력 끝에 새로운 종교 회상을 연 대종사님의 처지에서는
한 사람이라도 더 많은 사람이 새 교단에 입문하기를 바라셨을 텐데도,
입교를 바라는 사람이나 출가를 원하는 사람들을 대하는 태도는 매우 신중하십니다.
이 법문의 내용도 그런 사실을 잘 나타내고 있습니다.
성급한 판단을 유보하고 '다음 날 한두 번 다시 와 보고' 실태를 파악하고 나서
신중한 취사선택을 하라고 권하시지만 그 사람은 단숨에 입교시켜달라고 합니다.

그 사람이 말하기를 [제 뜻이 이미 견고하오니 곧 허락하여 주옵소서.] 하거늘,
대종사 한참 동안 생각하시다가 그 법명을 일지(日之)라고 내리시더니

대종사님께서 마지못해 입교를 허락하시는 장면입니다.
그 사람이 '제 뜻이 이미 견고'하다고 했지만 그의 뜻은 종교에 있지 않았습니다.
오히려 '환약'을 팔려는 뜻이 견고했다고 봐야겠지요.
특이한 점은 그에게 주신 법명이 '일지日之'인 점입니다.
대종사님께서 '한참 동안 생각'을 하셨다는 것에 주목할 필요가 있습니다.
대종사님은 신중하게 취사할 것을 권유했음에도 성급히 입교를 요청하는 그 사람의
근기와 불순한 의도를 미리 꿰뚫어 보신 듯합니다.

그 사람이 물러나와 대중에게 말하기를
[우리가 무슨 인연으로 이렇게 동문 제자가 되었느냐.]고 하며,
자기에게 좋은 환약이 있으니 의심하지 말고 사서 쓰라 하였으나

바로 이어서 '그 사람'의 입교 목적이 드러납니다.
약을 팔러 온 것입니다.

대중이 사지 아니하매,

'그 사람'의 목적과 달리 '대중'들이 환약을 사지 않습니다.
이미 입교해서 사실적 도덕의 훈련을 받고 있던 대종사님의 제자들로서는
방금 입교한 그 사람의 성급함과 불순한 의도가 쉽게 읽혔을 것입니다.
대중들로서는 '그 사람'도 믿기 힘들고 그가 파는 '환약'의 효능도 알 수 없었고,
믿음을 가질 수 없는 상황이니 '사지 아니'함이 적절한 취사였을 것입니다.

일지 노기를 띠며
[동지의 정의가 어찌 이럴 수 있느냐.] 하고 해가 지기 전에 가버리니라.

사실 그 사람이 '동지의 정의' 운운할 자격은 없습니다.
환약을 팔기 위해 '동지'를 빙자한 것이죠.

특이한 것은 '일지'라는 말 그대로 '해가 지기 전에 가버리'고 말았다는 점입니다.
기틀을 미리 보신 대종사님의 혜안이 놀랍습니다.

일지라는 사람은 교단에 들어온 목적이 순수하지 않았습니다.
목적이 다르니 교단에서 구할 것도 없게 된 것입니다.
자업자득인 것인데 안타까운 것은 본인의 삶을 진급시킬 수 있는 절호의 기회를 스스로 날려버렸다는 사실입니다.
처음부터 대종사님의 말씀을 잘 들었다면 그 사람의 인생은 달라졌을 것입니다.
소탐대실의 안타까움이 느껴지는 법문임과 동시에
한 치 앞도 내다보지 못하는 범부 중생들의 어리석음에도
의미심장한 법명까지 지어주며 받아들여주신
대종사님의 자비로움을 보여주는 법문입니다.

나의 마음공부

• '일지日之'라는 사람은 왜 대종사님의 말씀을 가볍게 들었을까요?

• 나는 혹시 중요한 결정을 성급하게 하지 않나요?

• 누군가 조급하게 어리석은 결정을 하려고 할 때 나는 어떻게 대응하나요?

- 내가 교단에 구하는 바는 무엇인가요?

- 내가 구하는 바를 교단에서 구할 수 있나요?

30

한 제자 교중 초가 지붕을 이면서
나래만 두르고 새끼는 두르지 아니 하는지라,
대종사 말씀하시기를
[밤사이라도 혹 바람이 불면 그 이어 놓은 것이 허사가 아닌가.] 하시었으나,
[이 지방은 바람이 심하지 아니하옵니다.] 하며 그대로 두더니,
그날 밤에 때아닌 바람이 일어나 지붕이 다 걷혀 버린지라,
그 제자 송구하여 어찌할 바를 알지 못하며
[대종사께서는 신통으로 미리 보시고 가르쳐 주신 것을
이 어리석은 것이 명을 어기어 이리 되었나이다.] 하거늘,

대종사 말씀하시기를
[이번 일에는 그 든든하고 떳떳한 길을 가르쳐 주었건마는
그대가 듣지 아니하더니,
이제는 도리어 나를 신기한 사람으로 돌리니 그 허물이 또한 더 크도다.
그대가 나를 그렇게 생각한다면
그대는 앞으로 나에게 대도 정법은 배우지 아니하고 신기한 일만 엿볼 터인즉,
그 앞길이 어찌 위태하지 아니하리요.
그대는 곧 그 생각을 바로잡고
앞으로는 매사를 오직 든든하고 떳떳한 길로만 밟아 행하라.]

『대종경』「실시품」30장

- 나래 : '이엉'의 방언. '이엉' – 초가집의 지붕이나 담을 이기 위하여 짚이나 새 따위로 엮은 물건.
- 허사 虛事 : 헛일
- 신통 神通 : 모든 일에 헤아릴 수 없이 신기하게 통달하는 것. 신神은 헤아릴 수 없다는 뜻, 통通은 막히고 걸림이 없다는 뜻. 원불교에서는 보통 신통묘술은 대도정법이 아니라고 보고 있다.

든든하고 떳떳한 길 | 풀이 |

한 제자 교중 초가 지붕을 이면서
나래만 두르고 새끼는 두르지 아니 하는지라,
대종사 말씀하시기를
[밤사이라도 혹 바람이 불면 그 이어 놓은 것이 허사가 아닌가.] 하시었으나,
[이 지방은 바람이 심하지 아니하옵니다.] 하며 그대로 두더니,

한 제자가 초가 지붕을 새로 고치는 일을 하다가 어떤 이유인지 알 수 없으나
새끼줄로 나래를 단단히 고정시켜야 한다는 대종사님 말씀을 가볍게 듣고 맙니다.

그날 밤에 때아닌 바람이 일어나 지붕이 다 걷혀 버린지라,

하필이면 대종사님께서 주의하신 대로 바람이 불어 일이 '허사' 가 되어버립니다.

그 제자 송구하여 어찌할 바를 알지 못하며
[대종사께서는 신통으로 미리 보시고 가르쳐 주신 것을
이 어리석은 것이 명을 어기어 이리 되었나이다.] 하거늘,

제자는 대종사님이 하신 주의의 말씀을 '신통' 으로 여깁니다.

대종사 말씀하시기를
[이번 일에는 그 든든하고 떳떳한 길을 가르쳐 주었건마는

대종사님은 자신의 행위가 신통이 아님을 분명히 하십니다.
이런 일을 해본 사람은 누구라도 대종사님의 말씀을 이해합니다.

반드시 새끼줄로 나래(이엉)를 단단히 고정해야 함을 압니다.
바람은 예고 없이 불기 때문에 새끼를 두르지 않고 작업을 마무리하면 안 됩니다.
대종사님은 평소에 늘 일의 기틀을 살피는 분입니다.
'응용하기 전에 응용의 형세를 보아 미리 연마하기를 주의'-「상시응용주의사항」2조 하는
공부를 이 일에 응해서도 하셨을 것입니다.
제자는 '응용의 형세를 미리 연마' 하지 못하고 스승님의 명까지 무념한 것입니다.

그대가 듣지 아니하더니,
이제는 도리어 나를 신기한 사람으로 돌리니 그 허물이 또한 더 크도다.
그대가 나를 그렇게 생각한다면
그대는 앞으로 나에게 대도 정법은 배우지 아니하고 신기한 일만 엿볼 터인즉,
그 앞길이 어찌 위태하지 아니하리요.

대종사님은 제자가 자신을 '신기한 사람'으로 보는 것을 크게 경계하십니다.
앞으로도 '대도 정법은 배우지 아니하고 신기한 일만 엿볼' 것을 걱정하십니다.
대종사님께서 내어주신 수행의 강령인 삼학 중 사리연구 과목은
말 그대로 '사리事理'를 연구하는 공부입니다.
'이치(理)'만이 아니라 '일(事)'도 연구해서 일에도 지혜를 발휘할 수 있어야 합니다.
사리연구의 핵심이라고 할 수 있는 '인과보응의 이치'를 일에 적용했어야 합니다.
공부와 일이 둘이 아니어야 합니다.
제자는 매우 사실적이고 합리적인 대종사님의 말씀을 곧이곧대로 받아들이지 않고
'신기한 사람'의 '신통'함으로 변질시키고 있습니다.
대종사님의 본의, 교법의 대의와 크게 어긋나는 행위입니다.
그런 태도를 지속한다면 제자의 '앞길'이 '위태'할 것을 크게 경계하십니다.

그대는 곧 그 생각을 바로잡고
앞으로는 매사를 오직 든든하고 떳떳한 길로만 밟아 행하라.]

대종사님은 「인도품」 4장에서 '도道라 하는 것은 쉽게 말하자면 곧 길을 이름이요,
길이라 함은 무엇이든지 떳떳이 행하는 것을 이름'이라고 설하시고,
'사사물물을 접응할 때마다 각각 당연한 길이 있'다고 설하신 바 있습니다.
이 법문의 '오직 든든하고 떳떳한 길'이 바로
「인도품」 4장의 떳떳하고 당연한 길을 의미한다고 볼 수 있습니다.

대종사님의 주의를 가볍게 여긴 제자의 마음은 아마도 '떳떳'하지 못했을 것입니다.
또한 바람에 대비해서 해야 할 일을 '당연히' 했다면 마음도 편하고
일의 결과도 든든했을 것입니다.
어떤 일에도 따라야 할 길, 도道가 있습니다.
이 길을 미리 알아야 하고 일에 응해서 이 길대로 가야 합니다.
그래야 은혜로운 결과를 얻을 수 있습니다.

초가 지붕을 새로 이는 일에서 시작된 법문이 '신통'을 경계하는 가르침으로 이어져,
'매사를 오직 든든하고 떳떳한 길로만 밟아 행하라'는 '대도 정법'의 권유로 확대되고
있습니다.
진리와 도는 일의 크기와 관계없이 어디서나 있으니
공부인들은 이 도를 잘 찾아서 실행해야 합니다.

나의 마음공부

• 나도 이 제자와 같이 일을 제대로 마무리하지 않았다가 낭패를 본 적이 있나요?

• 나는 '매사를 오직 든든하고 떳떳한 길로만 밟아 행'하나요?

• 사람들이 '든든하고 떳떳한 길'을 밟지 않는 이유는 무엇인가요?

• 어떻게 공부해야 매사의 '든든하고 떳떳한 길'을 알 수 있을까요?

• 나는 위대한 성인이라면 마땅히 '신통'을 부려야 한다고 생각하나요?

이 운외李雲外의 병이 위중하매
그의 집안 사람이 급히 달려와 대종사께 방책을 문의하는지라,
말씀하시기를
[곧 의사를 청하여 치료하라.] 하시고,
얼마 후에 병이 평복되니,
대종사 말씀하시기를
[일전에 운외가 병이 중하매 나에게 먼저 방침을 물은 것은
그 길이 약간 어긋난 일이니라.
나는 원래 도덕을 알아서 그대들의 마음병을 치료해주는 선생이요,
육신병의 치료는 각각 거기에 전문하는 의사가 있나니,
이 앞으로는 마음병 치료는 나에게 문의할지라도,
육신병 치료는 의사에게 문의하라.
그것이 그 길을 옳게 아는 것이니라.]

『대종경』「실시품」31장

- 이운외 李雲外 : (1872-1967) 법호는 준타원準陀圓. 법훈은 대희사. 21세인 1892년 송벽조(久山宋碧照)와 결혼하여 정산종사와 송도성을 원불교 교단에 희사하여 대희사위에 올랐다. 어려서부터 장자 정산이 대도에 발심하여 스승 찾아 방황할 때 그 구도에 많은 힘이 되어 주었다. 정산이 소태산 대종사에 귀의하자 부군과 함께 소태산 곁으로 이사하여 영광으로, 익산으로 이사 다니면서 살았다. 그 뒤부터 전무출신 사가의 간고함을 인내와 법열과 안분으로 극복하면서 희사권장喜捨勸獎의 도를 다했다. 남편 구산과 두 아들 그리고 손자 손녀들까지 전무출신 시켜 공도 사업에 헌신케 했다.
- 평복 平復 : 병이 나아 건강이 회복됨. 평유平癒.

마음병 치료는 나에게 육신병 치료는 의사에게 　|풀이|

이 운외李雲外의 병이 위중하매
그의 집안 사람이 급히 달려와 대종사께 방책을 문의하는지라,
말씀하시기를
[곧 의사를 청하여 치료하라.] 하시고,

정산 종사의 모친이 발병해서 위중해지자
그 가족이 의사보다 먼저 대종사님에게 의지하려고 하자
대종사님께서는 환자를 치료하는 일은 의사의 일임을 분명히 하십니다.
환자를 치료하는 일이 대종사님의 소임이 아님도 분명히 하신 것입니다.

얼마 후에 병이 평복되니,
대종사 말씀하시기를
[일전에 운외가 병이 중하매 나에게 먼저 방침을 물은 것은
그 길이 약간 어긋난 일이니라.

이운외의 병이 나은 후 '집안 사람'의 심신작용에 대해 감정을 해주십니다.
환자의 병세가 급한 경우에 가까운 인연에게 '방침을 물은 것' 은
크게 잘못된 것은 아닐 수 있습니다.
상황이 급할 때는 행동의 순서를 잡기가 어렵기 때문입니다.
그래서인지 대종사님께 '방책을 문의'한 일이 '약간' 길이 어긋난 일이라고 하십니다.

나는 원래 도덕을 알아서 그대들의 마음병을 치료해주는 선생이요,
육신병의 치료는 각각 거기에 전문하는 의사가 있나니,
이 앞으로는 마음병 치료는 나에게 문의할지라도,

육신병 치료는 의사에게 문의하라.
그것이 그 길을 옳게 아는 것이니라.]

이어서 대종사님께서 정말로 하고 싶은 말씀을 하십니다.
육신병 치료는 의사에게 문의하고,
마음병 치료는 대종사님에게 문의하라는 가르침입니다.
언뜻 보면 매우 상식적인 말씀인 것 같지만
이 말씀에는 원불교의 중요한 정체성이 드러나고 있습니다.
원불교는 치병을 목적으로 삼거나 교화의 수단으로 삼지 않는다는 것입니다.
다른 종교의 경우에는 치병을 주요 목적으로 삼는 경우가 적지 않았습니다.
역사가 오랜 기성 종교도 치병을 일삼는 경우가 많고,
이 당시 유행하던 종교들 역시 치병을 공공연히 행하곤 했습니다.
많은 종교가 치병을 교화의 주요 방편으로 삼고 있을 당시에
대종사님은 매우 분명하게 그런 역할을 원불교에서 배제했습니다.
'이 앞으로는 마음병 치료는 나에게 문의할지라도, 육신병 치료는 의사에게 문의하라.'
라는 말씀으로 의학과 종교의 경계를 분명히 나눴습니다.
여기서 '나에게'란 말씀은 대종사 개인만이 아니라 그가 창교한 종교를 의미한다고
넓게 해석하는 것이 타당할 것입니다.

대종사님은 '도학과 과학의 병진', '영육쌍전'의 사상을 강조하고 심신의 조화와
건강을 중시하지만 기본적으로 종교의 역할과 의학의 역할을 나눠보십니다.
앞으로도 교단은 '육신의 병'이 아니라 '마음병'에 집중할 것을 주문하신 셈입니다.

참고로 대종사님께서는 「교단품」34장에서 '돈의 병, 원망의 병, 의뢰의 병, 배울 줄
모르는 병, 가르칠 줄 모르는 병, 공익심이 없는 병'을 말씀하신 바 있습니다. 이들
모두가 대표적인 마음병이라고 할 수 있습니다. 육신의 병은 언급하시지 않았습니다.

나의 마음공부

• 사람들은 왜 육신의 병도 종교에서 치유해주길 바랄까요?

• 대종사님의 취사가 너무 야박한 것은 아닐까요?

• 대종사님은 '나는 원래 도덕을 알아서 그대들의 마음병을 치료해주는 선생'이라고 하셨으니, 도덕으로 어떻게 마음병을 치료하는 것일까요?

• 사람들의 마음병은 어떤 병을 뜻할까요?

대종사, 차자 광령光靈이 병들매
집안 사람으로 하여금 힘을 다하여 간호하게 하시더니,
그가 요절하매 말씀하시기를
[오직 인사를 다할 따름이요,
마침내 인력으로 좌우하지 못할 것은 명이라.] 하시고,
공사公事나 법설하심이 조금도 평시와 다르지 아니하시니라.

『대종경』「실시품」 32장

- 광령 光靈 : 박광령朴光靈(1923~1942) 본명 길주吉珠. 소태산 대종사의 둘째 아들. 전남 영광 길룡리에서 출생. 총명하고 슬기로워 큰 기대를 모았으나 이리농림학교(현 전북대학교 농과대학의 전신)에 재학중 병이 나서 20세로 총부에서 요절했다. 소태산 대종사의 자녀는 길선吉善과 광전光田(본명 吉眞),광영光靈, 광진光振(본명 吉緣)의 1녀 3남이 있으며, 광전은 전무출신했다.
- 요절 夭折 : 젊은 나이에 죽음. 요사夭死. 요함夭陷.

오직 인사를 다할 따름 | 풀이 |

대종사, 차자 광령光靈이 병들매
집안 사람으로 하여금 힘을 다하여 간호하게 하시더니,
그가 요절하매 말씀하시기를

소태산 대종사님은 둘째 아들이 병들자 가족들에게 간병하도록 하십니다.
교단을 개척해야 하는 사정으로 간병을 직접하시기는 어려운 상황이었을 것입니다.
하지만 애석하게도 그가 어린 나이에 열반하자 이에 따른 법문을 해주십니다.

[오직 인사를 다할 따름이요,
마침내 인력으로 좌우하지 못할 것은 명이라.] 하시고,

가족으로서 할 일을 할 따름이라고 담담히 응하시고,
사람의 '명命' 즉, 목숨은 사람의 힘으로 좌우할 수 없는 것임을 단언하십니다.
혹시라도 제자들이 성인으로서 모시는 대종사님에 대해서 어떤 특별한 기대를 했을
수도 있는 상황입니다만 대종사님은 그런 기대에 대한 여지를 남기지 않으십니다.
'명'은 '인력으로 좌우하지 못할 것'이라고 분명히 선을 긋습니다.

공사公事나 법설하심이 조금도 평시와 다르지 아니하시니라.

대종사님은 아들의 요절이라는 경계에도 해탈의 심신작용을 하실 뿐입니다.
마땅히 가야 할 길을 여여하게 가실 뿐입니다.

『대종경』「인도품」49장의 심신작용과 상통하는 내용입니다.
"대종사 봉래 정사에서 모친 환후患候의 소식을 들으시고 급거히 영광 본가에 가시사 시

실시품

탕하시다가 아우 동국東局에게 이르시기를 [도덕을 밝힌다는 나로서는 모친의 병환을 어찌 불고하리요마는, 나의 현재 사정이 시탕侍湯을 마음껏 하지 못하게 된 것은 너도 아는 바와 같이 나를 따라 배우기를 원하는 사람이 벌써 많은 수에 이르러 나 한 사람이 돌보지 아니하면 그들의 전도에 지장이 있을 것이요, 이제까지 하여 온 모든 사업도 큰 지장이 많을 것이니, 너는 나를 대신하여 모친 시탕을 정성껏 하라. 그러하면 나도 불효의 허물을 만일이라도 벗을 수 있을 것이요, 너도 이 사업에 큰 창립주가 될 것이다.] 하시고, 또한 모친에게 위로하시기를 [인간의 생사는 다 천명이 있는 것이오니 모친께서는 안심하시고 항상 일심 청정의 진경에 주하시옵소서.]하시고 강연히 그곳을 떠나 정사로 돌아오시어 제도 사업에 전심하시니라."

나의 마음공부

- 나는 사랑하는 자녀나 가족을 잃었을 때 대종사님처럼 여여할 수 있을까요?

- 대종사님이 '공사(公事)'에 임하는 태도와 내 태도는 어떤 차이가 있나요?

- 평소에 어떤 공부를 어떻게 해야 대종사님과 같은 심신작용을 할 수 있을까요?

- 이 법문을 통해서 내가 배워야 할 가르침은 무엇인가요?

이 동안이 열반하매
대종사 한참 동안 묵념하신 후 눈물을 흘리시는지라
제자들이 [너무 상심하지 마옵소서.] 하니,
대종사 말씀하시기를
[마음까지 상하기야 하리요마는
내 이 사람과 갈리면서 눈물을 아니 흘릴 수 없도다.
이 사람은 초창 당시에 나의 뜻을 전적으로 받들어 신앙 줄을 바로 잡았으며,
그 후 모든 공사를 할 때에도 직위에 조금도 계교가 없었나니라.]

『대종경』「실시품」33장

- **이동안 李東安** : (1892~1941)본명 형천亨天. 법호 도산道山. 1923년(원기8) 10월 1일 출가. 불법연구회 농업·상조·산업부장·보화당(대표이사)·수위단원 역임, 법랍 18년. 이동안은 빈약한 자본을 가지고도 근검절약과 용의주도한 경영으로 하는 일마다 번창했다. 소태산의 법문처럼 직위에 끌리는 일이 없어, 총부의 부장이나 지부의 부장이나 보화당이나 산업부의 일이나 기타 무엇이든지 시키는 대로 복종했으며, 시골이나 도회지나 지방의 좋고 나쁜 곳도 택하는 일이 없는 모범적인 전무출신이었다. 당시의 여러 선진들처럼 문필을 통한 작품을 남긴 것도 별로 없고 각 교당을 순회하며 설교 강연을 많이 하지도 않았다. 오직 교단의 두 방향인 공부와 사업 중 사업 발전에 일생을 바쳤으나 자신의 수행에도 철저했다.(한정석 씀)-『원불교대사전』
- **상심 傷心** : 슬픔이나 걱정 따위로 마음을 상함.

눈물을 아니 흘릴 수 없도다 | 풀이 |

이 동안이 열반하매
대종사 한참 동안 묵념하신 후 눈물을 흘리시는지라
제자들이 [너무 상심하지 마옵소서.] 하니,

아끼는 제자의 열반으로 소태산 대종사님께서 낙루落淚하시는 흔치 않은 장면입니다.
그 전에 '한참 동안' 하신 '묵념'은 제자의 해탈 천도를 위한 심고였을 것입니다.
낙루 전에 묵념부터 챙기시는 대종사님의 심신작용에 유념해야겠습니다.
이어 제자들이 스승님의 '상심傷心'을 염려하니,

대종사 말씀하시기를
[마음까지 상하기야 하리요마는
내 이 사람과 갈리면서 눈물을 아니 흘릴 수 없도다.

'마음까지 상하기야 하리요마는'이라는 말씀의 '마음'은
통상의 마음보다 더 깊은 마음, 성품으로서의 마음을 의미합니다.
제자들을 안심시키기 위해 '마음까지 상하지'는 않았다고 말씀하시지만,
눈물로 슬픔을 표하지 않을 수 없다고 솔직히 토로하십니다.
이 경우에는 눈물을 흘리는 것이 도에 맞는 것입니다.
슬픔을 억누르는 것만이 능사가 아님을 알 수 있습니다.

이 사람은 초창 당시에 나의 뜻을 전적으로 받들어 신앙 줄을 바로 잡았으며,
그 후 모든 공사를 할 때에도 직위에 조금도 계교가 없었나니라.]

그리고 제자의 평소 삶에서 칭찬할 만한 내용들을 드러내어 칭송하십니다.

'사람이 열반에 들 즈음에 그 친근자로서 영혼을 보내는 방법'을 알려주신
『대종경』「천도품」2장의 '당인의 평소 용성한 가운데 좋은 실행이 있을 때에는 그 조건을 찬미하여 마음을 위안하라' 라는 법문과 같이 몸소 실행하십니다.

"대종사 교중에 일이 생기면 매양 대중과 같이 노력하실 일은 노력하시고, 즐겨하실 일은 즐겨하시고, 근심하실 일은 근심하시고, 슬퍼하실 일은 슬퍼하사, 조금도 인정에 박한 일과 분수에 넘치는 일과 요행한 일 등을 취하지 아니하시니라." - 「실시품」42장 라는 법문과도 상통하는 모습입니다.
대종사님은 감정을 자연스럽게 절도에 맞게 표출하십니다.

나의 마음공부

• 부처님, 성인들의 슬픔과 범부들의 슬픔은 어떤 차이가 있을까요?

• 나는 대종사님이 제자의 죽음에 '눈물을 흘리시는' 것에 공감하나요?

• 대종사님께서 눈물을 흘릴 정도로 슬퍼하시면서도 '마음까지'는 상하지 않겠다는 말씀을 잘 이해할 수 있나요?

• 대종사님께서 칭찬한 제자의 장점을 나는 얼마나 가지고 있나요?

총부에서 기르던 어린 개가 동리 큰 개에게 물리어 죽을 지경에 이른지라
그 비명 소리 심히 처량하거늘,
대종사 들으시고 말씀하시기를
[생명을 아끼어 죽기 싫어하는 것은 사람이나 짐승이나 일반이라.] 하시고,
성안에 불쌍히 여기시는 기색을 띠시더니
마침내 절명하매 재비齋費를 내리시며 예감禮監에게 명하사
[떠나는 개의 영혼을 위하여 칠·칠 천도재를 지내 주라.] 하시니라.

『대종경』「실시품」 34장

- **재비 齋費** : 천도재에 드는 비용.(필자 주)
- **예감 禮監** : 원불교에서 주관하는 종교적 의례를 전문적으로 관리하는 사람. 중앙총부에서는 예감 제도를 운영하며, 각 교당에서는 교무가 예감이 되어 의례를 집전한다.
- **천도재 薦度齋** : 열반인의 명복을 빌고, 영가靈駕로 하여금 악도를 놓고 선도로 진급하도록 기원하는 의식. 천도재는 보통 열반 후 7일만에 초재를 지내고 2재에서 6재를 거쳐 마지막 7재인 49일에 종재終齋를 지낸다. 그러나 열반한지 오래된 경우에 지내기도 하고, 업장이 두터워 보이는 영혼에게는 수차례 특별천도재를 지내기도 한다. 재를 주관하는 법사의 법력이나 유족 및 참석자들의 정성이 지극할수록 영가가 천도를 잘 받게 된다.

떠나는 개의 영혼을 위하여　| 풀이 |

「실시품」32장은 아들의 열반,
「실시품」33장은 제자의 열반에 관한 내용이었다면,
「실시품」34장은 기르던 개의 죽음에 응하는 대종사님의 모습이 담겼습니다.

총부에서 기르던 어린 개가 동리 큰 개에게 물리어 죽을 지경에 이른지라
그 비명 소리 심히 처량하거늘,
대종사 들으시고 말씀하시기를
[생명을 아끼어 죽기 싫어하는 것은 사람이나 짐승이나 일반이라.] 하시고,
성안에 불쌍히 여기시는 기색을 띠시더니

어린 개가 죽어가면서 지르는 비명을 들으시고 감상을 말씀하시고
불쌍해하십니다.
사람과 짐승의 생명과 죽음의 고통을 하나로 보고 느끼십니다.

마침내 절명하매 재비齋費를 내리시며 예감禮監에게 명하사
[떠나는 개의 영혼을 위하여 칠·칠 천도재를 지내 주라.] 하시니라.

개에 대한 애민심哀愍心을 표하시는 데 그치지 않으시고 천도재를 지내게 하십니다.
천도재는 사람을 위한 의식이라고 생각하기 쉬운데
대종사님은 죽은 개를 위해서도 의식을 진행하도록 하십니다.
아마도 그 개가 '총부에서 기르던 개'였기 때문에 더 챙기신 듯합니다.

만물이 '생·로·병·사를 따라 육도와 사생으로 변화'-「천도품」5장 하는 이치를
밝게 아시는 대종사님으로서는 어린 개의 진급을 위해서 마음을 쓰신 것입니다.

'초목 금수도 연고 없이는 꺾고 살생하지 말 것이니라.' - 「동포은」,
'파란고해의 일체 생령을 광대무량한 낙원으로 인도하려 함' - 「개교의 동기」 등에 나타난 대종사님의 대사대비심이 천도재의 챙김으로 이어졌다고 생각합니다.
단순히 어린 개의 죽음을 슬퍼하는 데 그치지 않고 천도재까지 챙겨주신 대종사님의 심법을 본받아야겠습니다.

나의 마음공부

• 나는 대종사님과 같이 동물들의 생명을 귀중하게 여기나요?

• 나는 대종사님과 같이 인연 있는 동물을 위해 천도재를 지내주나요?

• 나는 천도재의 효과와 공덕에 대한 확실한 깨달음과 믿음이 있나요?

• 사람들의 욕심이나 잘못으로 죽어가는 동물들에 대해서 어떻게 불공을 해야 할지 생각해봅니다.

대종사 비록 사람에게 친절하시나
그 사람이 감히 무난하지는 못하며,
혹 사람의 잘못을 엄책하시나
그 사람이 원망하는 마음을 내지는 아니하며,
비록 그 쓰지 못할 사람인 줄을 알으시나
먼저 그를 버리지는 아니하시니라.

『대종경』「실시품」 35장

- 무난 無難하다 : 별로 어려움이 없다. 성격 따위가 까다롭지 않고 무던하다.
- 엄책 嚴責하다 : 엄하게 꾸짖다.

먼저 그를 버리지는 아니하시니라 | 풀이 |

『대종경』「실시품實示品」은 소태산 대종사님의 실다운 실제 모습을 보여줍니다.
대종사님의 법력과 인격, 심신작용, 용심법을 배울 수 있는 내용입니다.
그래서 주로 대종사님의 말씀을 담고 있는데,
이 내용은 대종사님의 말씀이 아니라 용심법에 대한 제자들의 평을 담고 있습니다.
제자들의 마음 거울에 비친 대종사님의 모습이라고 할 수 있습니다.

대종사 비록 사람에게 친절하시나
그 사람이 감히 무난하지는 못하며,

사람을 친절하게 대하는 것은 좋은 행동이지만,
공부가 미숙한 사람들은 상대를 무난하게 여겨서 경외심이나 예의를 잃기 쉽습니다.
그렇게 되면 그 친절함은 무색해지고 맙니다.
대종사님은 사람들을 친절하게 대하셨지만 그들이 가볍게 대하지 못했다고 합니다.
제자들의 경험에서 나온 느낌과 평입니다.

혹 사람의 잘못을 엄책하시나
그 사람이 원망하는 마음을 내지는 아니하며,

대종사님이 늘, 누구에게나 친절하지는 않으셨습니다.
엄하게 꾸짖어 마땅한 경우에는 엄책하셨습니다.
다만, 엄책 당한 사람이 원망심을 내지 않게 하셨답니다.
아마도 엄책하는 마음보다 깊고 큰 자비심이 바탕 되었기 때문일 것입니다.

비록 그 쓰지 못할 사람인 줄을 알으시나

먼저 그를 버리지는 아니하시니라.

대각여래위 부처님이신 소태산 대종사님은
'나는 몇만 명 제자만이 나의 사람이 아니요, 몇만 평 시설만이 나의 도량이 아니라, 온 세상 사람이 다 나의 사람이요, 온 세계 시설이 다 나의 도량이니, 나를 따르던 사람으로 제가 나를 버리고는 갈지언정 내가 먼저 저를 버리지는 아니하리라.' - 「실시품」 6장 라고 설하신 바 있습니다.
일체 생령을 구제하려는 대종사님께서 먼저 '버리는' 사람이 있을 리가 없습니다.

『대종경』을 읽다 보면 사소한 일로 대종사님을 떠난 사람들과
괜한 비난을 하며 대종사님의 일을 훼방한 사람들의 이야기가 나옵니다.
대종사님은 그들의 속 마음을 아시고도 '먼저' 그들을 버리지 않으셨습니다.
'대자 대비로 일체 생령을 제도' - 「법위등급」 '대각여래위' 하려는
간절한 마음만 품으셨을 것입니다.

높은 법력과 원만한 인격을 갖추지 못하면
'친절'을 베풀다가 서로 지켜야 할 도가 무너지는 무난한 관계가 되어버리거나,
'엄책'을 하다가 서로 원망을 하는 사이가 될 수도 있습니다.
'쓰지 못할 사람'이라고 예단하여 누군가는 '먼저 버리는' 잘못을 범할 수도
있습니다.
범부 중생들의 용심법의 한계요 잘못입니다.

대종사님의 법력과 중도에 맞는 용심법을 본받도록 공부해야겠습니다.

나의 마음공부

- 나는 사람들에게 '친절' 한가요?

- 나는 사람들에게 '친절' 하게 대하지만 그들이 나를 '무난' 하게 대하지는 않나요?

- 나는 사람의 잘못을 '엄책' 하는 경우가 있나요?

- 그 '엄책' 의 결과는 어땠나요?

- 나는 혹시 사람을 '쓰지 못할 사람' 이라고 판단하여 '먼저 버리지는' 않나요?

대종사 제자 가운데 말만 하고 실행이 없음을 경계는 하셨으나
그 말을 버리지 아니하셨고,
재주만 있고 덕 없음을 경계는 하셨으나
그 재주를 버리지 아니하시니라.

『대종경』「실시품」 36장

• **경계 警戒하다** : 뜻밖의 사고가 생기지 않도록 주의하고 살핌. 옳지 않은 행동이나 잘못된 일을 하지 않도록 타일러 주의시킴. 적의 기습이나 간첩 활동 등의 예기치 못한 침입을 막기 위해 주변을 살피며 지킴.

버리지 아니하시니라 | 풀이 |

대종사 제자 가운데 말만 하고 실행이 없음을 경계는 하셨으나
그 말을 버리지 아니하셨고,

보통 사람들이라면 '말만 하고 실행이 없는' 사람을 미워하기 쉽습니다만,
대종사님은 타이르고 가르치시며,
그 사람의 '그 말을 버리지 아니하셨'답니다.
단점으로 장점을 덮어버리지 않으신 것입니다.
'원만구족 지공무사'한 심신작용, 용심법을 보여주십니다.

재주만 있고 덕 없음을 경계는 하셨으나
그 재주를 버리지 아니하시니라.

'재승박덕才勝薄德'의 경우입니다.
덕이 부족하니 덕을 갖추라고 가르침을 주시되
'그 재주'까지 버리지는 않으셨답니다.
범부들은 재주까지 수용하지 않기가 쉽습니다.
부처님들은 재주는 높이 사고 모자란 덕은 채우도록 가르치고 북돋아 주십니다.
그 사람이 '원만'한 인격체가 되도록 끝까지 도와줍니다.
부처님들이 범부들을 부처의 길로 안내하는 모습입니다.

나의 마음공부

• 나는 '말만 하고 실행이 없는' 사람을 어떻게 대하나요?

• 나는 '말만 하고 실행이 없는' 사람의 '말'을 소중하게 듣고 활용하나요?

• 나는 '재주만 있고 덕 없'는 사람을 어떻게 대하나요?

- 나는 '재주만 있고 덕 없'는 사람의 '재주'를 잘 수용하고 활용하나요?

- 나는 혹시 '말만 하고 실행이 없는' 사람이거나, '재주만 있고 덕 없'는 사람은 아닌가요?

대종사 대중을 통솔하심에 네 가지의 엄한 경계가 있으시니,
하나는 공물公物을 사유로 내는 것이요,
둘은 출가한 사람으로서 사가에 돌아가 이유 없이 오래 머무르거나
또는 사사私事를 경영하는 것이요,
셋은 자기의 안일을 도모하여 공중사에 협력하지 않는 것이요,
넷은 삼학 병진의 대도를 닦지 아니하고
편벽되이 정정定靜만 익히어 신통을 희망하는 것이니라.

『대종경』「실시품」 37장

- **경계 警戒하다** : 뜻밖의 사고가 생기지 않도록 주의하고 살핌. 옳지 않은 행동이나 잘못된 일을 하지 않도록 타일러 주의시킴.(교전에서 자주 쓰이는 '경계境界'와 다름—필자 주)
- **공중사 公衆事** : (1)사회·단체·세계 또는 전체 대중을 위한 사업 또는 그러한 일. 줄여서 공사公事라고 쓰기도 한다. (2)제생의세濟生醫世의 목적으로 창립된 교단의 일 곧 교화·교육·자선의 모든 일과 이를 위한 모든 살림살이가 공중사이다. 소태산 대종사는 제자들에게 우리의 목표가 도덕공부와 공중사업에 있음을 누누이 강조했고, 제자들 모두 최령한 인간으로서의 가치는 바로 도덕공부와 공중사업에 있음을 깊이 각인했다. 방언공사를 착수하면서 올린 제자들의 서약서에서 '도덕공부와 공중사업'에 대한 굳은 결심이 나타나고, 더 나아가 생명을 바치는 법인성사에 이르기까지 오로지 인생의 목표는 도덕공부와 공중사업이라고 소태산은 강조했다.

네 가지의 엄한 경계 | 풀이 |

대종사 대중을 통솔하심에 네 가지의 엄한 경계가 있으시니,

소태산 대종사님께서는 모든 공부인들을 위해
신앙과 수행에 관한 교리를 가르쳐주셨습니다.
물론 이 교리 안에는 30계문 등도 포함됩니다.
교도라면 누구나 지켜야 할 일반적 지침이라고 할 수 있습니다.
대중들은 이 내용들을 정기훈련과 상시훈련으로 익히기 때문에
대중을 통솔하기 위한 별도의 가르침은 필요치 않다고 할 수 있습니다.
이런 내용들이 모두 '대중을 통솔'하는 기본 원칙도 되기 때문입니다.
이런 내용들을 잘 지키는 대중들을 특별히 '통솔'할 이유가 없어지기 때문입니다.
하지만 이 법문에서는 '대중을 통솔'하기 위해 네 가지가 소개되고 있습니다.
물론 이 네 가지 모두 기본적인 교리에 포함되는 내용입니다만,
대종사님께서 자주 강조하신 바를 제자들이 손꼽은 것입니다.

하나는 공물公物을 사유로 내는 것이요,

교단은 공적 조직입니다.
크게 본다면 일체 생령의 것이라고 할 수 있습니다.
'무아봉공'을 지향하는 교단의 물건을 사유화한다는 것은 일종의 절도일 수 있습니다.
인과보응의 이치를 신앙하는 입장에선 더욱 용납하기 어려운 행동입니다.

둘은 출가한 사람으로서 사가에 돌아가 이유 없이 오래 머무르거나
또는 사사私事를 경영하는 것이요,

'출가'한 사람은 '전무출신'으로서 오롯이 교단의 공적 활동에 힘쓰는 사람입니다.
사가를 불고하고 제생의세의 교단 일에 전념하기로 약속한 사람입니다.
이들이 '사사私事를 경영'하거나 '사가에 돌아가 이유 없이 오래 머무르'는 행위는
'오롯함'에 어긋난 태도입니다.
그러려면 출가를 하지 않고 보통 교도로서 교단에 헌신해도 될 것입니다.

셋은 자기의 안일을 도모하여 공중사에 협력하지 않는 것이요,

초기 교단의 역사를 보면 대종사님과 제자들은 금주 금연과 보은미 저축 등으로
근검 절약하여 경제적 기초를 마련하고, 공동 출역으로 교단의 기초를 세웠습니다.
혹시라도 개인적인 안일을 앞세워 공중사에 소홀한 것을 용납할 수 없는 것입니다.
'공'을 위하는 '공중사'에 소홀하다는 것은 교단의 목적에 위배되는 일입니다.

넷은 삼학 병진의 대도를 닦지 아니하고
편벽되이 정정定靜만 익히어 신통을 희망하는 것이니라.

편벽된 수행을 용납했다면 대종사님은 교문을 열지 않았을 것입니다.
대종사님의 수행법은 삼학 병진의 수행을 시종일관 강조합니다.
새로운 회상을 연 주요 목적이기도 합니다.
대종사님은 누구보다도 편벽된 수행에 비판적이었습니다.
'편벽'된 수행으로는 '삼학 병진의 대도'에 결코 들 수 없기 때문입니다.

"과거 도가道家에서 공부하는 것을 보면, 정할 때 공부에만 편중하여, 일을 하자면 공부를 못 하고 공부를 하자면 일을 못 한다 하여, 혹은 부모 처자를 이별하고 산중에 가서 일생을 지내며 혹은 비가 와서 마당의 곡식이 떠내려가도 모르고 독서만 하였나니 이 어찌 원만한 공부법이라 하리요. 그러므로, 우리는 공부와 일을 둘로 보지 아니하고 공부를 잘하면 일이 잘되고 일을 잘하면 공부가 잘되어 동과 정 두 사이에 계속적으로 삼대력 얻는 법을 말하였나니 그대들은 이 동과 정에 간단이 없는 큰 공부에 힘쓸지어

다.”- 「수행품」3장

'이것이 이른바 대승선大乘禪이요 삼학을 병진하는 공부법이니라.' - 「무시선법」

"내가 이 회상을 연지 이십팔 년에 법을 너무 해석적으로만 설하여 준 관계로 상근기는 염려 없으나, 중·하 근기는 쉽게 알고 구미호九尾狐가 되어 참 도를 얻기 어렵게 된 듯하니 이것이 실로 걱정되는 바라, 이후부터는 일반적으로 해석에만 치우치지 말고 삼학을 병진하는 데에 노력하도록 하여야 하리라.” - 「부촉품」9장

"나의 법은 인도상 요법人道上要法을 주체삼아 과거에 편벽된 법을 원만하게 하며 어려운 법을 쉽게 하여 누구나 바로 대도에 들게 하는 법이어늘, 이 뜻을 알지 못하고 묵은 생각을 버리지 못하는 사람은 공부를 하려면 고요한 산중에 들어가야 한다고 하며, 혹은 특별한 신통神通을 얻어서 이산 도수移山渡水와 호풍 환우呼風喚雨를 마음대로 하여야 한다고 하며, 혹은 경전·강연·회화는 쓸 데 없고 염불·좌선만 해야 한다고 하여, 나의 가르침을 바로 행하지 않는 수가 간혹 있나니, 실로 통탄할 일이니라. 지금 각도 사찰 선방이나 심산 궁곡에는 평생 아무 직업 없이 영통이나 도통을 바라고 방황하는 사람이 그 수가 적지 아니하나, 만일 세상을 떠나서 법을 구하며 인도를 여의고 신통만 바란다면 이는 곧 사도邪道니라. 그런즉, 그대들은 먼저 나의 가르치는 바 인생의 요도와 공부의 요도에 따라 세간 가운데서 공부를 잘 하여 나아가라. 그러한다면, 마침내 복혜 양족福慧兩足을 얻는 동시에 신통과 정력도 그 가운데 있을 것이니 이것이 곧 순서 있는 공부요 근원 있는 대도니라.” - 「수행품」41장

이런 법문들 외에도 많은 법문들이 삼학 병진을 중시하고 신통을 경계하신 대종사님의 뜻을 나타내고 있습니다.

나의 마음공부

• 사람들이 '공물'을 개인적 소유로 하게 되는 사례와 그 이유를 생각해 봅니다.

• '출가한 사람'이 '사가(私家)'에 오래 머물지 않아야 하는 이유는 무엇일까요?

• '공중사에 협력'하지 않는 사람은 어떤 과보를 받게 될까요?

- '편벽되이 정정定靜만 익히어 신통을 희망'하는 사람들의 말로는 어떻게 될까요?

- 나는 이 법문의 내용 중 어디에 해당되나요?

대종사 대중에게 상벌을 시행하시되
그 근기에 따르시는 다섯 가지 준칙이 있으시니,
첫째는 모든 것을 다 잘하므로
따로이 상벌을 쓰지 아니하시는 근기요,
둘째는 다 잘하는 가운데 혹 잘못이 있으므로
조그마한 흠이라도 없게 하기 위하사 상은 놓고 벌만 내리시는 근기요,
셋째는 잘하는 것도 많고 잘못하는 것도 많으므로
상벌을 겸용하시는 근기요,
네째는 잘못 하는 것이 많은 가운데 혹 잘하는 것이 있으므로
자그마치 잘하는 것이라도 찾아서 그 마음을 살려 내기 위하사
벌은 놓고 상만 내리시는 근기요,
다섯째는 모든 것을 다 잘못하므로
상벌을 놓아 버리고 당분간 관망하시는 근기니라.

『대종경』「실시품」38장

• **관망 觀望** : 형편이나 분위기 따위를 가만히 살펴봄. 풍경 따위를 멀리서 바라봄.

대중에게 상벌을 시행하시되 | 풀이 |

대종사 대중에게 상벌을 시행하시되
그 근기에 따르시는 다섯 가지 준칙이 있으시니,

공조직은 추구하는 공적 목적과 가치가 있습니다.
그를 위해 상벌이라는 방편을 활용합니다.
소태산 대종사님의 상벌의 기준은 어땠을까요?
절대적인 기준에 더해 당사자의 '근기'가 크게 고려되었습니다.
사람에 따라 상대적인 상벌을 시행했다고 할 수 있습니다.

첫째는 모든 것을 다 잘하므로
따로이 상벌을 쓰지 아니하시는 근기요,

최상근기의 경우에는 상과 벌이라는 방편이 필요 없습니다.
외부적 평가에 영향을 받지 않기 때문입니다.
이미 내면적으로 교단의 목적과 가치에 관한 동기부여가 확실히 되었기 때문입니다.
늘 자신의 역량을 다해서 최선을 다하는 근기입니다.

둘째는 다 잘하는 가운데 혹 잘못이 있으므로
조그마한 흠이라도 없게 하기 위하사 상은 놓고 벌만 내리시는 근기요,

스스로 노력하기 때문에 특별히 상벌을 내리지 않아도 되지만,
옥의 티 같은 작은 단점의 보완을 위해서 벌을 내리시는 근기입니다.
이 근기의 사람에게도 상과 벌이 큰 의미를 갖지는 않습니다.
특히 이들은 상을 바라는 근기가 아니기 때문에 상이 별로 필요치 않습니다.

다만 스승의 벌을 단점 보완과 진급의 계기로 삼아 감사하게 수용하는 근기이니
대종사님 입장에서는 마음 편하게 단점을 깨우쳐줄 수 있습니다.

세째는 잘하는 것도 많고 잘못하는 것도 많으므로
상벌을 겸용하시는 근기요,

잘한 것에 대해서는 칭찬하고
잘못한 것에 대해서는 지적하고 꾸중을 하는 근기입니다.
스승의 입장에서는 제자의 심신작용을 면밀히 관찰하면서
칭찬할 것은 칭찬해서 마음을 북돋아주고
잘못한 것은 그것대로 깨우쳐주기 위해 유념해야 할 근기입니다.

네째는 잘못 하는 것이 많은 가운데 혹 잘하는 것이 있으므로
자그마치 잘하는 것이라도 찾아서 그 마음을 살려 내기 위하사
벌은 놓고 상만 내리시는 근기요,

이 근기의 사람에게 잘못을 지적한다면 자칫하면 의기소침해질 수 있습니다.
하는 일 대부분이 잘못이기 때문입니다.
이런 경우에는 오히려 잘한 점을 칭찬해서 마음을 북돋워 주는 것이 필요합니다.
이런 근기의 제자는 스스로 자만하지 않도록 조심해야 할 것입니다.
정말 잘해서 스승님이 칭찬하거나 상을 내리는 것이 아니기 때문입니다.

다섯째는 모든 것을 다 잘못하므로
상벌을 놓아 버리고 당분간 관망하시는 근기니라.

'모든 것을 다 잘못' 하는 사람은 상벌의 방편이 불필요할 수 있습니다.
잘하는 일이 없으니 상을 줄 수도 없고, 벌을 주거나 단점을 지적하면
마음이 가라앉거나 반감을 가져서 교화의 기회를 잃을 수도 있기 때문입니다.

정신수양·사리연구·작업취사의 삼대력 모두 일정 수준에 미달하거나,
마음병이 깊은 경우일 수 있습니다.
이런 경우에는 자칫하면 상을 주어도 부작용이 날 수 있고
벌을 주어도 오히려 마음을 덧나게 할 수 있습니다.
상에 자만하거나 벌에 자학을 해서 공부에 방해가 될 수 있습니다.
'당분간 관망' 하면서 기다려주고 적절한 방편을 마련할 필요가 있습니다.
일반적인 상벌로는 진급을 촉진하기 어려운 근기입니다.
스승의 고민을 깊게 만드는 경우입니다.

나의 마음공부

• 이 다섯 가지 가운데 나는 어느 근기에 속하는 사람일까요?

• 대종사님이 내 곁에 계시다면 내게 어떤 상과 벌을 내리실까요?

• 상을 받으면 내 심신작용이 어떻게 변화할까요?

• 벌을 받으면 내 심신작용이 어떻게 변화할까요?

• 나는 장점에 대한 칭찬 또는 단점에 대한 충고나 지적을 받을 때 마음이 어떤가요?

39

대종사 매양 신심 있고 선량한 제자에게는
조그마한 허물에도 꾸중을 더 하시고,
신심 없고 착하지 못한 제자에게는
큰 허물에도 꾸중을 적게 하시며 조그마한 선행에도 칭찬을 많이 하시는지라,
한 제자 그 연유를 묻자오매

대종사 말씀하시기를
[열 가지 잘하는 가운데 한 가지 잘못하는 사람은
그 한 가지까지도 고치게 하여 결함 없는 정금미옥을 만들기 위함이요,
열 가지 잘못하는 가운데 한 가지라도 잘하는 사람은
그 하나일지라도 착한 싹을 키워 주기 위함이니라.]

『대종경』「실시품」39장

• **정금미옥 精金美玉** : 정교하게 다듬은 금과 아름다운 옥이라는 뜻으로, 인품이나 시문이 맑고 아름다움을 이르는 말.

정금미옥을 만들기 위함 | 풀이 |

대종사 매양 신심 있고 선량한 제자에게는
조그마한 허물에도 꾸중을 더 하시고,
신심 없고 착하지 못한 제자에게는
큰 허물에도 꾸중을 적게 하시며 조그마한 선행에도 칭찬을 많이 하시는지라,
한 제자 그 연유를 묻자오매

소태산 대종사님의 상벌 기준과 목적을 알 수 있는 법문입니다.
앞의 「실시품」38장의 법문과 같은 맥락의 내용입니다.
'신심 있고 선량한 제자'에게는 칭찬을 많이 해야 할 것 같은데
오히려 대종사님은 '조그마한 허물에도 꾸중을 더 하시'는 엄격한 태도를 보이시고,
'신심 없고 착하지 못한 제자'에게는 꾸중을 많이 해야 할 것 같은데
대종사님은 '큰 허물에도 꾸중을 적게' 하시는 너그러운 태도를 보이시고
'조그마한 선행에도 칭찬을 많이 하시는' 의외의 용심법을 보여주십니다.

대종사 말씀하시기를
[열 가지 잘하는 가운데 한 가지 잘못하는 사람은
그 한 가지까지도 고치게 하여 결함 없는 정금미옥을 만들기 위함이요,

그 이유를 설해주십니다.
'열 가지 잘하는 가운데 한 가지 잘못하는 사람'은 상근기라고 할 수 있습니다.
이런 제자는 칭찬보다는 자신의 공부를 위해 단점을 지적받기를 원합니다.
원만한 인격완성을 위해 노력하는 근기이기 때문입니다.
더구나 '신심 있고 선량'하기 때문에 스승의 지적이나 꾸지람도
오해없이 오롯이 받아들일 자세를 갖추고 있다고 할 수 있습니다.

이런 근기를 파악하셨기 때문에 대종사님은 옥의 티와 같은 결함을 고치게 해서
'정금미옥'과 같은 인격 완성과 진급을 촉진하십니다.

열 가지 잘못하는 가운데 한 가지라도 잘하는 사람은
그 하나일지라도 착한 싹을 키워 주기 위함이니라.]

그와 반대의 경우에 '한 가지라도 잘하는' 것에 '칭찬을 많이' 하는 이유는
'착한 싹을 키워 주기 위함'이라고 설명해주십니다.
'신심 없고 착하지 못한 제자'에게 '꾸중'을 하신다면
신심이 더 없어지고 태도도 한층 더 나빠질 수 있기 때문입니다.
요컨대, 스승님의 가르침을 받아들일 자세를 갖추지 못한 하근기의 경우입니다.
틈틈이 소위 '잘한다, 잘한다'라고 마음을 북돋워 주어야 신심도 두터워지고
향상심을 내어 진급의 길로 나아갈 수 있을 것입니다.

소태산 대종사님은 대각여래위의 부처님이십니다.
늘 은혜의 관점과 진급의 관점으로 제자를 대하시는 대자대비의 스승님입니다.
제자들의 행동 하나하나에 따라 호불호를 달리하는 범부가 아닙니다.
제자는 물론 모든 인연의 진급, 성불을 위해서 천만 방편을 활용하시는 분입니다.
상과 벌, 칭찬과 꾸중은 그 천만 방편 중에서도 극히 일부의 방편일 뿐입니다.
대종사님의 꾸중을 오히려 감사히 여기고 큰 은혜로 여겨야 마땅합니다.
대종사님께서 마음 편하게 누군가를 '꾸중' 하신다면
오히려 그는 '신심있고 선량한 제자'라고 할 수 있습니다.

나의 마음공부

- 나는 스승님의 '꾸중'을 어떻게 받아들이나요?

- 나는 스승님의 '칭찬'을 어떻게 받아들이나요?

- 나는 내 '잘못'과 '결함'을 잘 알고 있나요?

- 나의 인격을 '정금미옥'과 같이 만들려면 어떻게 해야 할까요?

- 나는 주변 인연들을 '칭찬'하거나 '꾸중'할 때 어떤 기준으로 하나요?

대종사 사람을 쓰실 때에는
매양 그 신성과 공심과 실행을 물으신 다음
아는 것과 재주를 물으시니라.

『대종경』「실시품」 40장

사람을 쓰실 때 | 풀이 |

대종사 사람을 쓰실 때에는

이 법문 역시 제자들이 대종사님의 평소 용심법을 표현한 내용입니다.
소태산 대종사님께서 '사람을 쓰실 때'란 무엇을 의미할까요?
어디에, 왜 사람을 쓰시는 것일까요.
소태산 대종사님께서 혼신의 정성을 다해서 하려는 일이 무엇일까요.
이는 이미 우리가 아는 것입니다.
「개교의 동기」에 따르자면 '파란고해의 일체 생령을 광대무량한 낙원으로 인도'하려는 것이고, 「서품」2장에 의하면 '완전무결한 큰 회상을 이 세상에 건설'하는 일입니다.

그래서 대종사님은 '우리가 시작하는 이 사업은 보통 사람이 다 하는 바가 아니며 보통 사람이 다 하지 못하는 바를 하기로 하면 반드시 특별한 인내와 특별한 노력이 있어야 할 것'-「서품」7장 이라고 말씀하시고,
'우리가 건설할 회상은 과거에도 보지 못하였고 미래에도 보기 어려운 큰 회상이라, 그러한 회상을 건설하자면 그 법을 제정할 때에 도학과 과학이 병진하여 참 문명 세계가 열리게 하며, 동動과 정靜이 골라 맞아서 공부와 사업이 병진되게 하고, 모든 교법을 두루 통합하여 한 덩어리 한 집안을 만들어 서로 넘나들고 화하게 하여야 하므로, 모든 점에 결함됨이 없이 하려함에 자연 이렇게 일이 많도다.'-「서품」8장 라고 함께 이룰 사명의 어려움을 미리 말씀하셨습니다.
주세불 소태산 대종사님께서는 바로 이런 일을 하는 데 '사람을 쓰시'려는 것입니다.
누구나 회상의 일원이 될 수는 있어도 '사람을 쓰실 때'는 사람을 골라서 쓰실 수밖에 없는 것입니다.

매양 그 신성과 공심과 실행을 물으신 다음
아는 것과 재주를 물으시니라.

이해하기 쉽게 번호를 매기자면
첫째는 신성, 둘째는 공심, 셋째는 실행
그리고 나머지가 아는 것과 재주인 셈입니다.

신성이 있어야 믿음과 정성에 바탕하여 함께 이 공부 이 사업을 일관할 것입니다.
공심이 있어야 무아봉공으로 세상을 위한 공사에 전념할 수 있을 것입니다
실행력이 있어야 어떤 일이든 해낼 수 있을 것입니다.
이 세 가지가 대종사님이 제자들을 선별하는 평가 기준이라고 할 수 있습니다.
대종사님은 창부나 악인, 일제 경관도 가리지 않고 회상의 일원으로 품으셨지만
'사람을 쓰실 때'는 사람을 가리는 기준에 따랐던 것입니다.

"큰 회상會上을 일어내는 데에는 재주와 지식과 물질이 풍부한 사람을 만나는 것도 물론 필요하나 그것만으로는 오직 울타리가 될 뿐이요, 설혹 둔하고 무식한 사람이라도 혈심血心 가진 참 사람을 만나는 것이 더욱 중요하나니, 그가 참으로 알뜰한 주인이 될 것이며 모든 일에 대성을 보나니라." -「교단품」32장 라는 법문과 같은 맥락입니다.

나의 마음공부

- 나는 대종사님의 구세 경륜에 합력할 만큼 굳은 '신성'을 가졌나요?

- 나는 우리 회상의 사명을 위해 무아봉공할 만큼 큰 '공심'을 가졌나요?

- 나는 이 공부 이 사업을 '실행'할 힘과 역량을 가졌나요?

- 나는 이 공부 이 사업을 하기 위해 필요한 '아는 것'과 '재주'를 가졌나요?

- 대종사님께서 나를 쓰실 만한 사람으로 보실지 스스로 평가해 봅니다.

대종사 간혹 대중으로 더불어 조선 고악(古樂)을 감상하신 바
특히 창극 춘향전·심청전·흥부전 등을 들으실 때에는
매양 그 정절과 효우(孝友)의 장함을 칭찬하시며,
공도 생활에 지조와 인화가 더욱 소중함을 자주 강조하시고,

말씀하시기를
[충·열·효·제(忠烈孝悌)가 그 형식은 시대를 따라 서로 다르나,
그 정신만은 어느 시대에나 변함없이 활용되어야 하리라.]

『대종경』「실시품」41장

• **지조 志操** : 옳은 원칙과 신념을 지켜 끝까지 굽히지 않는 꿋꿋한 의지. 또는 그러한 기개.

춘향전·심청전·흥부전 등을 들으실 때 　| 풀이 |

대종사 간혹 대중으로 더불어 조선 고악古樂을 감상하신 바

약 100년 전에는 즐길 거리가 별로 없었을 것입니다.
'조선 고악'을 즐기는 것이 대중적 즐길거리였던 것 같습니다.
생활불교를 표방하는 대종사님은 다음과 같은 법문을 통해서
'피로의 회복을 위하여 때로는 소창도 하라'고 소창消暢을 허용하고 권유하셨습니다.

"과거에는 부처님께서 모든 출가 수행자에게 잘 입으려는 것과 잘 먹으려는 것과 잘 거처하려는 것과 세상 낙을 즐기려는 것들을 다 엄중히 말리시고 세상 낙에 욕심이 나면 오직 심신을 적적하게 만드는 것으로만 낙을 삼으라 하시었으나, 나는 가르치기를 그대들은 정당한 일을 부지런히 하고 분수에 맞게 의·식·주도 수용하며, 피로의 회복을 위하여 때로는 소창도 하라 하노니, 인지가 발달되고 생활이 향상되는 이 시대에 어찌 좁은 법만으로 교화를 할 수 있으리요. 마땅히 원융圓融한 불법으로 개인·가정·사회·국가·세계에 두루 활용되게 하여야 할 것이니 이것이 내 법의 주체이니라." - 「교의품」33장

'소창'을 요즘말로 하면 레크레이션recreation 정도가 될 것입니다.
대중들과 함께 열심히 공부하고 땀흘려 보은하다가 조선 고악을 들으시면서 소창을 즐기신 경우입니다.

특히 창극 춘향전·심청전·흥부전 등을 들으실 때에는
매양 그 정절과 효우孝友의 장함을 칭찬하시며,

창극 중에서도 가장 유명한 춘향전·심청전·흥부전 등을 들으실 때
그냥 묵묵히 즐기신 것이 아니라 주인공들에 대한 칭찬을 아끼지 않으셨답니다.

춘향의 정절, 심청의 효심, 흥부의 우애심을 드러내고자 하신 것이죠.

공도 생활에 지조와 인화가 더욱 소중함을 자주 강조하시고,

이들을 칭찬하는 데서 더 나아가 교단의 공도 생활을 하는 대중들도 그들을 본받아
'지조'와 '인화'를 소중하게 여기자고 강조하십니다.
단순히 고악을 즐기는 데서 그치지 않고 '공도 생활'에 필요한 교훈을 발견해서
제자들과 공유하십니다.

말씀하시기를
[충·열·효·제忠烈孝悌가 그 형식은 시대를 따라 서로 다르나,
그 정신만은 어느 시대에나 변함없이 활용되어야 하리라.]

충·열·효·제忠烈孝悌는 유교의 전통적 가치관에서 중시하는 덕목들입니다.
신하는 군주에게 충성을 다하고,
아내는 남편에게 정절을 지키고,
자식은 부모에게 효성을 다하고,
아우는 형에게 공경하여 우애를 지키라는 가르침입니다
시대의 변화에 따라 수직적 인간 관계도 변화가 되었으니
'충·열·효·제忠烈孝悌가 그 형식은 시대를 따라' 서로 다를 수 있지만,
'그 정신'은 변하지 말아야 한다고 설하십니다.
대종사님께서는 '소창'을 즐기시면서도 제자들을 자연스럽게 교화하십니다.
긴장과 이완을 적절히 조율하면서 공부와 사업을 촉진하고 심화시키는 모습입니다.

범부들이 소창을 핑계로 유흥을 즐기다가 심신간에 강급하는 것과는 전혀 다른 소창의
모습입니다.

참고로 정산 종사님은 다음과 같이 '충효열'을 시대에 맞게 해석해서 활용하기 쉽게 말

씀해주십니다.

"이어 말씀하시기를 [선지자의 유훈에 "세상에 충이 없고 세상에 효가 없고 세상에 열이 없으니, 이런 고로 천하가 다 병들었다" 하였고 "천하의 병에는 천하의 약을 쓰라" 하였으니 이는 장차 충효열이 병든다는 말씀과 충효열을 잘 살리라는 부탁이라, 충효열의 병은 곧 천하의 병이요, 천하의 병을 고치는 화제는 또한 우리 대종사의 교법이시니, 우리가 매일 우리의 참 성품을 잘 연마하는 것은 곧 충을 살리는 공부요, 사중 보은에 힘을 쓰는 것은 효를 살리는 공부요, 신앙을 굳게 하고 계율을 지키는 것은 곧 열을 살리는 공부라, 우리의 공부가 아니면 어찌 충효열을 살릴 수 있으며, 충효열을 살리지 아니하면 고해에 빠진 모든 병자들을 어찌 구원할 수 있으리요. 그러므로, 그대들은 부지런히 공부하여 먼저 각자의 마음병을 고쳐서 우리 하나 하나가 모두 병 없는 사람이 되는 동시에, 그 힘을 합하여 우리 교단 전체가 병 없는 교단이 되게 하며, 그 힘을 추진하여 천하 만방의 병을 다 고치는 좋은 의왕醫王이 되는 데 노력하기를 간절히 바라노라.]" – 「경의편」 61장

정산 종사님이 충·효·열에 관해 시대에 맞게 새로운 해석을 해주신 『정산종사법어』 「경의편」 58장, 59장, 60장 내용도 대종사님의 이 법문에 대한 훌륭한 화답이라고 할 수 있습니다. 반드시 참고하기를 바랍니다.

나의 마음공부

• 나는 뭔가를 즐기면서도 거기서 소중한 교훈을 잘 얻고 있나요?

• 나의 '충忠'은 누구를 대상으로 하고 있으며 어떻게 실행하고 있나요?

• 나의 '열烈'은 누구를 대상으로 하고 있으며 어떻게 실행하고 있나요?

- 나의 '효孝'는 누구를 대상으로 하고 있으며 어떻게 실행하고 있나요?

- 나의 '제悌'는 누구를 대상으로 하고 있으며 어떻게 실행하고 있나요?

대종사 교중에 일이 생기면
매양 대중과 같이
노력하실 일은 노력하시고,
즐겨하실 일은 즐겨하시고,
근심하실 일은 근심하시고,
슬퍼하실 일은 슬퍼하사,
조금도 인정에 박한 일과 분수에 넘치는 일과 요행한 일 등을
취하지 아니하시니라.

『대종경』「실시품」 42장

- 박 薄하다 : 마음 씀이나 태도가 너그럽지 못하고 쌀쌀하다. 이익이나 소득이 보잘것없이 적다. 두께가 매우 얇다.
- 분수 分數 : 사물을 분별하는 지혜. 자기 신분에 맞는 한도. 사람으로서 일정하게 이를 수 있는 한계.
- 요행 僥倖·徼幸 : 행복을 바람. 뜻밖에 얻는 행운.

매양 대중과 같이 | 풀이 |

대종사 교중에 일이 생기면
매양 대중과 같이
노력하실 일은 노력하시고,
즐거하실 일은 즐거하시고,
근심하실 일은 근심하시고,
슬퍼하실 일은 슬퍼하사,

소태산 대종사님의 평상시 태도와 용심법을 알 수 있는 내용입니다.
대각 후 교단 건설에 착수한 후 대종사님의 삶은 늘 대중과 함께했습니다.
대중들을 지도하고 훈련시켜서 부처의 경지로 이끌어주며
세상에 유익을 주는 교단을 조직해야 했기 때문입니다.
'파란고해의 일체 생령을 광대무량한 낙원으로 인도'하려는 '개교의 동기' 실현은
혼자만의 노력으로 되는 일이 아닙니다.
대종사님의 삶은 교단과 하나였습니다.

대종사님의 삶은 대중과 함께 노력하고, 즐거하고, 근심하고, 슬퍼하는 삶이었습니다.
물론 그 심신작용은 분별과 절도에 맞는 것이었습니다.
법문에 '노력하실 일', '즐거하실 일' 등으로 표현된 까닭입니다.
제자들에게 대종사님의 삶은 오직 대중과 함께하는 삶으로 느껴졌을 것입니다.

"중생은 희·로·애·락에 끌려서 마음을 쓰므로 이로 인하여 자신이나 남이나 해를 많이 보고, 보살은 희·로·애·락에 초월하여 마음을 쓰므로 이로 인하여 자신이나 남이나 해를 보지 아니하며, 부처는 희·로·애·락을 노복같이 부려 쓰므로 이로 인하여 자신이나 남이나 이익을 많이 보나니라."-「불지품」8장 라는 법문과 같이 대종사님은 대중들의 희·

로·애·락에 동참하며 그들의 삶을 선도하고 진급시키셨습니다.

**조금도 인정에 박한 일과 분수에 넘치는 일과 요행한 일 등을
취하지 아니하시니라.**

그렇게 대중들과 동화되어 지내시는 것 같아도
'조금도' 용납하시지 않은 행동이 열거됩니다.
첫째는 '인정에 박한 일'이니, '은혜'와 '덕'을 강조하시는 대종사님으로선
있을 수 없는 일입니다.
둘째는 '분수에 넘치는 일'이니, '대소유무 시비이해'를 꿰뚫어 보시고,
'인과보응의 이치'를 통달하시고, '동하여도 분별에 착이 없고 정하여도 분별이 절도에
맞는' 대각여래위의 대종사님께서 '분수에 넘치는 일'을 하실 이유는 없습니다.
대종사님 개인은 물론 대중들이나 교단 역시 근기와 역량에 맞게 그리고 엄혹한 일제
시대라는 상황에 맞게 지도하셨던 것입니다.
셋째는 '요행한 일'이니, 뿌린 대로 거두는 인과의 이치를 가르침의 골간으로 삼는
대종사님께서는 아무리 어려운 역경에서도 결코 요행수를 바라지 않으셨습니다.

대중들과 함께 하실 때는 무슨 일이든지 다 하시는 듯해도
그 포용적 면모 내면에는 진리에 어긋나는 일은 '조금도' 용납하지 않는
단호한 취사의 기준이 작동하고 있었던 것입니다.
'원만구족 지공무사'-「일원상 법어」의 경지,
'동하여도 분별에 착이 없고 정하여도 분별이 절도에 맞는'-「법위등급」'대각여래위'
경지를 보여주십니다.

나의 마음공부

- 나는 누구와 동고동락하나요?

- 내가 함께 노력하고, 즐겨하고, 근심하고, 슬퍼하는 사람들의 범위는 어디까지인가요?

- 나는 인정에 박한 사람인가요, 인정에 후한 사람인가요?

- 나는 '요행한 일'을 얼마만큼 바라나요?

대종사 대중 출역이 있을 때에는
매양 현장에 나오시사 친히 모든 역사役事를 지도하시며,
항상 말씀하시기를
[영육靈肉의 육대 강령 가운데 육신의 삼강령을 등한시 않게 하기 위하여
이와 같이 출역을 시키노라.] 하시고,
만일 정당한 이유 없이 출역 하지 않는 사람이 있거나
나와서도 일에 게으른 사람이 있을 때에는 이를 크게 경책하시니라.

『대종경』「실시품」43장

• **출역 出役** : 토목이나 건축 따위의 공사에 동원되어 나감.('대중 출역', '공동 출역'은 사찰에서의 '울력'과 같은 의미-필자 주)

대중 출역이 있을 때 | 풀이 |

대종사 대중 출역이 있을 때에는
매양 현장에 나오시사 친히 모든 역사役事를 지도하시며,

'공동 출역'의 전통은 교단 초창기부터 확고했습니다.
이미 「서품」에서 본 바와 같이 공동 출역으로 사업의 토대를 마련했고
방언공사의 경이로운 업적도 대종사님과 제자들의 공동 출역으로 이뤄낸 것입니다.
소태산 대종사님은 이런 공동 출역에 솔선수범하셨습니다.
직접 삽질하고 지게를 메고 밭을 갈아 농사지었습니다.

항상 말씀하시기를
[영육靈肉의 육대 강령 가운데 육신의 삼강령을 등한시 않게 하기 위하여
이와 같이 출역을 시키노라.] 하시고,

'나는 영육 쌍전의 견지에서 육신에 관한 의·식·주 삼건과 정신에 관한 일심·알음알이·실행의 삼건을 합하여 육대 강령이라고도 하나니, 이 육대 강령은 서로 떠날 수 없는 관계를 가지고 한 가지 우리의 생명선이 되나니라.' – 「교의품」18장 라고 설하신 바 있습니다. 여기서 '육신의 삼강령'은 '의·식·주 삼건'을 의미합니다.

'육대 강령'을 '생명선'이라고까지 하신 이유는 『정전』「영육 쌍전 법靈肉雙全法」을 보면 알 수 있습니다. 법문의 전문은 다음과 같습니다.
"과거에는 세간 생활을 하고 보면 수도인이 아니라 하므로 수도인 가운데 직업 없이 놀고먹는 폐풍이 치성하여 개인·가정·사회·국가에 해독이 많이 미쳐 왔으나, 이제부터는 묵은 세상을 새 세상으로 건설하게 되므로 새 세상의 종교는 수도와 생활이 둘이 아닌 산 종교라야 할 것이니라. 그러므로, 우리는 제불 조사 정전正傳의 심인인 법신불 일

원상의 진리와 수양·연구·취사의 삼학으로써 의·식·주를 얻고 의·식·주와 삼학으로써 그 진리를 얻어서 영육을 쌍전하여 개인·가정·사회·국가에 도움이 되게 하자는 것이니라."
대중(공동) 출역을 중시하고 친히 지도하신 교리적 배경입니다.
과거 종교를 개벽하기 위한 혁신의 중요한 한 축이었던 셈입니다.

만일 정당한 이유 없이 출역 하지 않는 사람이 있거나
나와서도 일에 게으른 사람이 있을 때에는 이를 크게 경책하시니라.

'영육쌍전'의 사상적 배경 아래 실시하는 공동 출역이기에
소태산 대종사님의 회상에 함께한 구성원들에게 예외가 없었던 것입니다.

또한 방언공사의 목적을 제자들에게 설명해주셨던 「서품」 10장의 내용을
대중 출역의 목적이라고 해도 무방할 것입니다.
방언공사가 대중 출역의 가장 대표적인 성공 사례이기 때문입니다.

'(전략) 참된 신심이 있고 없음을 알게 될 것이요, 또는 이 한 일의 시始와 종終을 볼 때에 앞으로 모든 사업을 성취할 힘이 있고 없는 것을 알 수 있을 것이요, 또는 소비 절약과 근로 작업으로 자작 자급하는 방법을 보아서 복록福祿이 어디로부터 오는 근본을 알게 될 것이요, 또는 그 괴로운 일을 할 때에 솔성率性 하는 법이 골라져서 스스로 괴로움을 이길 만한 힘을 얻을 수 있을 것(하략)' - 「서품」 10장

원불교의 신앙과 수행에 공을 들이려면 대중 출역을 단순한 노동으로 여기지 않아야 합니다. 신앙과 수행을 단련하는 주요한 공부인 것입니다.

나의 마음공부

- 나는 '대중 출역'을 해본 적이 있나요?

- 나는 육신의 삼강령, 즉 의·식·주를 책임질 수 있나요?

- 출역이 하기 싫을 때 나는 어떻게 마음공부를 하나요?

- 나는 게으른 사람인가요?

각처를 두루 돌아다닌 한 사람이 대종사를 뵈옵고 찬탄하기를
[강산을 두루 돌아다녔사오나 산 가운데는 금강산이 제일이었고,
사람을 두루 상대하였사오나 대종사 같은 어른은 처음 뵈었나이다.]
대종사 말씀하시기를
[그대가 어찌 강산과 인물만 말하는가.
고금 천하에 다시 없는 큰 도덕이 이 나라에 건설되는 줄을 그대는 모르는가.]

『대종경』「실시품」44장

고금 천하에 다시 없는 큰 도덕 | 풀이 |

각처를 두루 돌아다닌 한 사람이 대종사를 뵈옵고 찬탄하기를
[강산을 두루 돌아다녔사오나 산 가운데는 금강산이 제일이었고,
사람을 두루 상대하였사오나 대종사 같은 어른은 처음 뵈었나이다.]

산 중에 금강산, 인물 가운데는 대종사님을 첫째로 손꼽는 칭송에 대해서
대종사님께서는 에둘러 다른 응답을 하십니다.

대종사 말씀하시기를
[그대가 어찌 강산과 인물만 말하는가.
고금 천하에 다시 없는 큰 도덕이 이 나라에 건설되는 줄을 그대는 모르는가.]

소태산 대종사님은 사람들로부터 평가받고 싶고
세상에 드러내고 싶은 것이 바로 자신이 주창한 '큰 도덕'임을 밝히십니다.
'일원상의 진리'와 '인생의 요도-사은 사요'와 '공부의 요도-삼학 팔조'를
구세 경륜으로 새롭게 제시한 것에 대한 강한 자부심을 표하십니다.
'고금 천하에 다시 없는 큰 도덕'이라는 표현이 이를 잘 나타냅니다.

회상을 연 목적을 밝힌 「개교의 동기」에서도
'그러므로, 진리적 종교의 신앙과 사실적 도덕의 훈련으로써 정신의 세력을 확장하고,
물질의 세력을 항복 받아, 파란 고해의 일체 생령을 광대무량한 낙원樂園으로 인도하려
함이 그 동기니라.'라고 '사실적 도덕의 훈련'을 말씀하셨고,

'과거에도 이 나라에 무등無等한 도인이 많이 나셨지마는 이 후로도 무등한 도인이
사방에서 모여들어 전무후무한 도덕 회상을 마련할 것이니, 그대는 나를 믿을 때에

실시품

나의 도덕을 보고 믿을지언정 어디에 의지하는 마음으로 믿지는 말라.' - 「변의품」30장 라고 '전무후무한 도덕 회상' 건설의 경륜과 포부를 밝히십니다.

대종사님의 모든 노력과 정성이 '전무후무한 도덕 회상' 건설을 위해 집중되고 있으니 방문자가 '강산'과 '인물'만을 평하는 데 대해서 아쉬움을 표하신 것입니다.
대종사님께서는 한 사람이라도 더 많은 사람이 자신이 드러내고 싶은 도덕을 알아보고 동참하여 힘을 보태기를 바라는 마음이 매우 간절하셨을 것입니다.
특히 그런 '큰 도덕'이 '이 나라에 건설'되고 있는데도 그 사실을 모르는 것에 대한 대종사님의 안타까움이 느껴지는 법문입니다.

나의 마음공부

• 나는 대종사님의 교법이 '고금 천하에 다시 없는 큰 도덕'이라는데 공감하나요?

• 나는 대종사님께서 왜 이렇게 자신의 '도덕'에 대해 자부심을 갖는지를 이해하고 있나요?

• 대종사님께서 내어주신 도덕의 우월함은 무엇일까요?

• '큰 도덕'이 '이 나라'에서 얼마나 '건설' 되고 있는지 현실을 돌아봅니다.

안도산^{安島山}이 찾아온지라,

대종사 친히 영접하사 민족을 위한 그의 수고를 위로하시니,

도산이 말하기를

[나의 일은 판국이 좁고 솜씨가 또한 충분하지 못하여,

민족에게 큰 이익은 주지 못하고

도리어 나로 인하여 관헌들의 압박을 받는 동지까지 적지 아니하온데,

선생께서는 그 일의 판국이 넓고 운용하시는 방편이 능란하시어,

안으로 동포 대중에게 공헌함은 많으시면서도,

직접으로 큰 구속과 압박은 받지 아니하시니

선생의 역량은 참으로 장하옵니다.]하니라.

『대종경』「실시품」 45장

- **도산 안창호** : 이름은 창호昌浩, 도산島山은 호이다. 항일 독립운동가이자 교육가로 독립협회獨立協會·신민회新民會·흥사단興士團 등에서 활발하게 독립운동활동을 했다. 1962년 건국훈장 대한민국장이 추서되었다. 안도산과 원불교의 인연은 1935년 2월, 대전 감옥에서 출옥 후 전국을 순회 중에 중앙총부를 방문하여 소태산대종사와 만나면서 시작되었다. 소태산은 안도산을 친히 영접하면서 그의 민족을 위한 헌신 봉공을 높이 평가했다. 소태산과 안도산은 조국의 독립운동 방법에 있어서 민족의식을 일깨우고 민족의 역량을 키우는 것에 중점을 두었다는 것에서 공통점이 있다. 안도산의 점진주의漸進主義는 급속하고 과격한 수단과 방법을 피하고 순서에 따라 서서히 발전하려는 사상으로 소태산의 이소성대以小成大의 정신과 맥을 같이한다. 안도산의 기본사상은 『민족개조론』을 기본으로 하고 있으며, 무실역행務實力行을 주장하는 그의 흥사단 정신은 오늘날까지도 계승되고 있다.(염관진 씀)-「원불교대사전」

안도산安島山이 찾아온지라 | 풀이 |

안도산安島山이 찾아온지라,
대종사 친히 영접하사 민족을 위한 그의 수고를 위로하시니,

이 당시 상황을 『대종경선외록』은 이렇게 전하고 있습니다.
"우리 교단이 일제의 감시를 특별히 받은 것은 원기 21년 도산 안창호 선생이 불법연구회를 방문하고 대종사와 면담을 나눈 뒤부터였다. 안도산은 당시 호남 일대의 농촌 상황 시찰차 이리에 도착했다가 동아일보 기자의 안내를 받아 불법연구회를 방문하게 된 것이다. 그 기자는 불법연구회를 최초로 동아일보에 소개하면서 극구 찬양하던 사람이었다. 그러나, 대종사와 안도산은 이리 경찰서에서 감시차 따라온 형사들 때문에 깊은 대화는 나누지 못하고 인사 정도만으로 그쳤다." - 『대종경선외록』「교단수난장」5절

"총독부는 태평양 전쟁의 음모를 꾸미고 있어 조선인들의 단체는 무조건 해산시키기에 혈안되었던 터라 민족주의자 안도산이 다녀가자 그동안 온순하고 별로 일본에 대한 항거의 사건이 없었던 불법연구회도 일제의 감시를 받기 시작하였다. 그리하여 총부에 북일 주재소를 설치하고 '안도산이 다녀간 곳이니 고등계에서 잘 감시하라'고 명령을 받은 황순사가 파견된 것이다. 황순사는 한국인으로 같은 민족의 활동을 조사하도록 한 것은 일본의 잔인하고 혹독스런 한 단면이었다. 그러나 후에 황순사는 입교하여 교단을 수호하는 큰 몫을 하게 되었다." - 『대종경선외록』「교단수난장」6절

안도산의 총부 방문과 대종사님과의 만남이 자유롭게 이뤄졌다면 폭 넓고 깊은 대화가 이어졌을 것입니다. 아쉽게도 형사들의 감시하에 이뤄진 방문과 만남이라서 대화의 내용이 매우 제한적이었을 것입니다. 안타까운 일입니다.
아쉬운 대로 안도산이라는 인물에 비친 소태산 대종사님의 모습을 알 수 있습니다.

도산이 말하기를
[나의 일은 판국이 좁고 솜씨가 또한 충분하지 못하여,
민족에게 큰 이익은 주지 못하고
도리어 나로 인하여 관헌들의 압박을 받는 동지까지 적지 아니하온데,

안도산은 무장투쟁이 아니라 교육사업을 통한 점진주의적 방법으로 독립운동을 수행하던 독립운동가였습니다. 그런데도 일제의 감시와 탄압은 극심해서 안도산의 일시적 방문만으로도 이후의 교단은 일제의 상시 감시하에 놓이게 됩니다. 속 깊은 대화가 불가능했을 상황에서도 안도산은 그의 속내와 대종사님의 인격과 역량에 대한 깊은 존경을 절제된 표현으로 드러냅니다.

도산은 '나의 일은 판국이 좁'다는 말을 통해서 자신은 주로 '민족'을 대상으로 일을 하지만 대종사님은 민족의 경계를 넘어 인류 또는 일체 생령을 위한 일을 한다는 차이를 말해 자신은 낮추고 대종사님을 높이 평가하는 겸손한 태도를 보입니다.
또한 안도산은 그의 의도와 달리 '민족에게 큰 이익을 주지 못하고' 있는 것,
동지들이 '관헌들의 압박'을 받게 된 것에 대해서 자괴감을 토로합니다.
여의치 않은 독립운동에 대한 아쉬움이 묻어나는 대목입니다.

선생께서는 그 일의 판국이 넓고 운용하시는 방편이 능란하시어,
안으로 동포 대중에게 공헌함은 많으시면서도,
직접으로 큰 구속과 압박은 받지 아니하시니
선생의 역량은 참으로 장하옵니다.]하니라.

안도산의 아쉬운 자평에 이어 대종사님의 교화사업에 대한 평가가 이어집니다.
첫째, 판국이 넓다.
둘째, 운용하는 방편이 능란하다.
셋째, 대중에게 공헌은 많이 하면서도 직접적인 큰 구속과 압박은 받지 않는다.
이런 평가를 하면서 '선생의 역량은 참으로 장하'다고 칭송합니다.

매우 사실적인 평가에 바탕한 칭송입니다.

도산은 소태산 대종사님과 활동 분야가 다르지만 자신이 도모하는 일의 목적과 방법 그리고 서로의 역량에 대한 깊은 통찰을 내비칩니다.
비록 두 사람의 만남은 짧았지만 도산이라는 위대한 인물의 마음 거울에 비친 대종사님의 진면목을 엿볼 수 있습니다.

나의 마음공부

• 일제 치하에서도 꾸준히 독립운동을 전개한 '도산 안창호'의 업적을 잘 알고 있나요?

• 도산은 대종사님이 '동포 대중에게 공헌함'이 많다고 평가했는데, 대종사님은 어떻게 얼마나 공헌하셨을까요?

• 일제 치하에서 교화를 하신 대종사님의 '방편'이 얼마나 '능란' 하셨을까요?

- '직접으로 큰 구속과 압박은 받지 아니'할 수 있었던 이유는 무엇일까요?

- 내가 일제 치하에서 살았다면 세상을 위해서 어떤 뜻 있는 일을 했을까요?

대종사 말씀하시기를
[내가 재능으로는 남다른 손재주 하나 없고,
아는 것으로는 보통 학식도 충분하지 못하거늘
나같이 재능 없고 학식 없는 사람을
그대들은 무엇을 보아 믿고 따르는가.] 하시나,

능能이 없으신 중에 능하지 아니함이 없으시고,
앎이 없으신 중에 알지 아니함이 없으시어,
중생을 교화하심에 덕이 건곤乾坤에 승하시고,
사리를 통관하심에 혜광이 일월보다 밝으시니라.

『대종경』「실시품」 46장

그대들은 무엇을 보아 믿고 따르는가 | 풀이 |

대종사 말씀하시기를
[내가 재능으로는 남다른 손재주 하나 없고,
아는 것으로는 보통 학식도 충분하지 못하거늘
나같이 재능 없고 학식 없는 사람을
그대들은 무엇을 보아 믿고 따르는가.] 하시나,

'그대들은 무엇을 보아 믿고 따르는가' 라는 질문의 말씀은
소태산 대종사님의 겸양의 말씀일 수도 있고
가르침의 본의를 묻는 질문의 말씀일 수도 있습니다.
또는 자신에게 신성을 바치는 제자들에 대한 고마움의 표현일 수도 있습니다.
아마도 제자들은 대종사님의 이런 말씀을 자주 받들었던 것 같습니다.

능能이 없으신 중에 능하지 아니함이 없으시고,
앎이 없으신 중에 알지 아니함이 없으시어,
중생을 교화하심에 덕이 건곤乾坤에 승하시고,
사리를 통관하심에 혜광이 일월보다 밝으시니라.

제자들은 이 말씀에 대해 『대종경』을 편찬하면서 응답을 한 셈입니다.
한두 제자의 대답이 아니라 제자들의 중지衆智를 모은 응답입니다.

대종사님은 자신이 '남다른 손재주 하나 없'다고 하시지만
제자들은 스승님이 '능하지 아니함이 없으시'다고 칭송하고,
대종사님은 자신이 '보통 학식도 충분하지 못하'다고 하시지만
제자들은 스승님이 '알지 아니함이 없'다고 칭송합니다.

나아가 '혜광이 일월보다 밝'으며 '덕이 건곤^{乾坤}에 승하시'다고 찬탄합니다.

제자들에게 대종사님은 이렇게 보였고
그래서 스승님으로 모시고 신성을 바쳤던 것입니다.

나의 마음공부

• 나는 이 법문의 대종사님에 대한 칭송에 얼마나 공감하나요?

• 내가 대종사님을 '믿고 따르는' 이유는 무엇인가요?

• 나는 대종사님의 어떤 점을 어떻게 칭송할 수 있나요?

• 내가 가장 높이 칭송하고 싶은 대종사님의 위대함은 무엇인가요?

김 광선이 위연喟然히 찬탄하기를

[종문宗門에 모신 지 이십여 년에

대종사의 한 말씀 한 행동을 모두 우러러 흠모하여 본받아 행하고자 하되

그 만분의 일도 아직 감히 능하지 못하거니와,

그 가운데 가장 흠모하여 배우고지 하나 능하지 못함이 세 가지가 있으니

하나는 순일 무사하신 공심이요,

둘은 시종일관하신 성의요,

셋은 청탁 병용幷容 하시는 포용이라.

대저, 대종사의 운심처사運心處事 하시는 것을 뵈오면

일언 일동이 순연히 공公하나 뿐이시오,

사私라는 대상이 따로 있지 아니하사,

오직 이 회상을 창건하시는 일 외에는

다른 아무 생각도 말씀도 행동도 없으시나니,

이것이 마음 깊이 감탄하여 배우고자 하는 바요,

대종사의 사업하시는 것을 뵈오면 천품이 우월하시기도 하지마는

영광 길룡리에서 우리 구인을 지도하사 간석지를 개척하실 때에 보이시던 성의나

오랜 세월을 지낸 지금에 보이시는 성의가

전보다 오히려 더하실지언정 조금도 감소됨이 없으시나니,

이 또한 마음 깊이 감탄하여 배우고자 하는 바요,

대종사의 대중 거느리시는 것을 뵈오면
미운 짓하는 사람일수록 더욱 잘 무마하시고 애호하시며
항상 말씀하시기를
"좋은 사람이야 누가 잘못 보느냐.
미운 사람을 잘 보는 것이 이른바 대자 대비의 행이라"하시니,
이 또한 마음 깊이 감탄하여 배우고자 하는 바라.] 하니라.

『대종경』「실시품」 47장

• **위연 喟然하다** : 한숨을 쉬는 모양이 서글프다.

대종사의 한 말씀 한 행동 | 풀이 |

김 광선이 위연(喟然)히 찬탄하기를
[종문(宗門)에 모신 지 이십여 년에
대종사의 한 말씀 한 행동을 모두 우러러 흠모하여 본받아 행하고자 하되
그 만분의 일도 아직 감히 능하지 못하거니와,

「실시품」의 '實示'라는 의미를 새겨봅니다.
'실實'은 실질, 실지, 실제, 실다움을 의미한다고 볼 수 있고
'시示'란 보이다, 가르치다, 알림을 의미합니다.
제자 김광선의 표현에 의하면 소태산 대종사님은 '한 말씀 한 행동'으로
진리를 보여주시고 부처님의 경지를 실제로 보여주신 셈입니다.
대종사님의 '한 말씀 한 행동'은 '심신작용' 또는 '육근동작'이라고 할 수 있습니다.
깨달은 진리가 심신작용, 육근을 통해 말씀과 행동으로 드러난 것입니다.
'대종사의 한 말씀 한 행동을 모두 우러러 흠모하여 본받아 행하고자 하'는
제자들의 간절한 마음이 '실시품'에 담겼다고 할 수 있고,
이 법문에서는 특히 제자 김광선의 말을 통해서 그 마음이 표현되고 있습니다.
다른 제자들의 마음을 대변하는 내용일 것입니다.

그 가운데 가장 흠모하여 배우고자 하나 능하지 못함이 세 가지가 있으니
하나는 순일무사하신 공심이요,
둘은 시종일관하신 성의요,
셋은 청탁병용(淸濁竝容)하시는 포용이라.

'순일 무사하신 공심', '시종일관하신 성의', '청탁 병용하시는 포용'이란 열쇠말로
대종사님을 찬탄합니다.

다음은 이 세 가지 덕을 평소에 보고 느낀 대로 설명하는 내용입니다.

대저, 대종사의 운심 처사運心處事 하시는 것을 뵈오면
일언 일동이 순연히 공公하나 뿐이시오,
사私라는 대상이 따로 있지 아니하사,
오직 이 회상을 창건하시는 일 외에는
다른 아무 생각도 말씀도 행동도 없으시나니,
이것이 마음 깊이 감탄하여 배우고자 하는 바요,

첫째로 '순일무사純一無私하신 공심' 입니다.
마음은 행동으로 나타나고, 용심법은 일을 처리하는 것에서도 나타납니다.
누군가의 운심처사를 보면 그 사람의 마음 씀씀이와 사람 됨됨이를 알 수 있습니다.
대종사님의 운심처사가 제자 김광선의 눈에 이렇게 비친 것입니다.
요컨대, 대종사님은 '지공무사至公無私', '무아봉공無我奉公' 의 화신이었던 것입니다.

대종사의 사업하시는 것을 뵈오면 천품이 우월하시기도 하지마는
영광 길룡리에서 우리 구인을 지도하사 간석지를 개척하실 때에 보이시던 성의나
오랜 세월을 지낸 지금에 보이시는 성의가
전보다 오히려 더하실지언정 조금도 감소됨이 없으시나니,
이 또한 마음 깊이 감탄하여 배우고자 하는 바요,

둘째는 '시종일관始終一貫하신 성의' 입니다.
성의誠意란 정성심을 의미합니다.
'성誠이라 함은 간단없는 마음을 이름이니, 만사를 이루려 할 때에 그 목적을 달하게 하는 원동력이니라' – 「정전」「팔조」 라고 말씀하신 바와 같이 '완전무결한 큰 회상'을 건설하신 대종사님의 원동력이 바로 '시종일관하신 성의' 인 것입니다.
제자들 입장에선 일제 치하의 역경과 난경 속에서도 초지일관하신 대종사님의 모습이 매우 경이로웠을 것입니다.

대종사의 대중 거느리시는 것을 뵈오면

미운 짓하는 사람일수록 더욱 잘 무마하시고 애호하시며

항상 말씀하시기를

"좋은 사람이야 누가 잘못 보느냐.

미운 사람을 잘 보는 것이 이른바 대자 대비의 행이라"하시니,

이 또한 마음 깊이 감탄하여 배우고자 하는 바라.] 하니라.

셋째는 '청탁병용淸濁竝用하시는 포용' 입니다.

제자는 '미운 사람을 잘 보는' 대종사님의 '대자 대비'를 손꼽습니다.

제자의 눈에는 대종사님의 이런 운심 처사가 매우 경이롭고 감탄스러웠던 것입니다.

그리고 제자들은 이런 점을 '배우고자' 했던 것입니다.

제자 김광선은 대종사님과 한두 달, 한두 해를 함께한 제자가 아닙니다.

'이십여 년'을 함께한 제자로서 스승님에 대한 배울 점을 말하고 있습니다.

소태산 대종사님의 삶 그 자체가 제자들에겐 배울 점이었던 것입니다.

나의 마음공부

- 내가 '흠모하고 본받아 행하고자' 하는 스승님은 누구인가요?

- 나는 '순일무사한 공심'이 어느 정도인가요?

- 나는 '시종일관한 성의'을 어느 정도나 가지고 있나요?

- 나는 '청탁병용하는 포용'을 어느 정도나 하고 있나요?

- 내가 대종사님에게서 '마음 깊이 감탄하여 배우고자 하는 바'는 무엇인가요?

 『대종경』 15품의 주요 내용

제 1 서   품 : 원불교 창립 목적과 배경, 주요 과정 및 불교 혁신의 내용 등 소태산 사상의 서설적 법문.
제 2 교의품 : 원불교의 신앙·수행 교리 전반에 관한 법문.
제 3 수행품 : 원불교 수행법 이해와 실행에 관한 다양한 법문.
제 4 인도품 : 도덕의 이해와 실천에 관한 원론적 법문과 다양한 응용 법문.
제 5 인과품 : 인과보응의 이치에 대한 다양한 해석 사례와 응용 법문.
제 6 변의품 : 교리에 관련된 다양한 의문들에 관한 응답 법문.
제 7 성리품 : 성품의 원리와 깨달음, 견성 성불 및 성리문답에 관한 법문.
제 8 불지품 : 부처님의 경지와 심법, 자비방편에 관한 법문.
제 9 천도품 : 생사의 원리와 윤회·해탈, 영혼 천도에 관한 법문.
제 10 신성품 : 신앙인의 믿음과 태도에 관한 법문.
제 11 요훈품 : 인생길과 공부길을 안내하는 짧은 격언 형태의 법문.
제 12 실시품 : 다양한 경계에 응한 대종사의 용심법에 관한 법문.
제 13 교단품 : 원불교 교단의 의의와 운영, 발전 방안 및 미래 구상에 관한 법문.
제 14 전망품 : 사회·국가·세계, 종교, 문명, 교단의 미래에 관한 예언적 법문.
제 15 부촉품 : 대종사가 열반을 앞두고 제자들에게 남긴 부탁과 맡김의 법문.

소태산 대종경 마음공부

발행일 | 원기109년(2024년) 3월 31일
편저자 | 최정풍

디자인 | 토음디자인
인쇄 | ㈜문덕인쇄

펴낸곳 | 도서출판 마음공부
출판등록 | 2014년 4월 4일 제2022-000003호
주소 | 전북 익산시 익산대로 463, 3층
전화 | 070-7011-2392
ISBN | 979-11-986562-3-0
값 | 12,000원

도서출판 마음공부는 소태산마음학교를 후원합니다.
후원계좌 | 농협 301-0172-5652-11 (예금주: 소태산마음학교)